DON'T
BE SHY
JUST SAY HI!

与老外交朋友

[美] 周树华◎著　Joshua Ogden-Davis

周建华◎著

北京联合出版公司
Beijing United Publishing Co.,Ltd.

图书在版编目（CIP）数据

与老外交朋友 / 周建华,(美) 周树华著. -- 北京：
北京联合出版公司, 2017.4
ISBN 978-7-5502-9985-6

Ⅰ.①与… Ⅱ.①周… ②周… Ⅲ.①英语—口语—
自学参考资料 Ⅳ.①H319.9

中国版本图书馆 CIP 数据核字 (2017) 第 054992 号

与老外交朋友

作者：周建华,（美）周树华

责任编辑：李伟

北京联合出版公司出版

（北京市西城区德外大街 83 号楼 9 层　　100088 ）

北京市雅迪彩色印刷有限公司印刷　新华书店经销

字数 175 千字　700 毫米 × 980 毫米　1/16　15.5 印张

2017 年 5 月第 1 版　2017 年 5 月第 1 次印刷

ISBN 978-7-5502-9985-6

定价：46.00 元

Chapter 4: The 5 Steps to Talking with Foreigners

Chapter 5: Unlocking Cultural Differences

Our Story
我们的故事

Josh's Story: I've Done What You're Trying to Do
Josh 的故事：今天的我可能就是明天的你

扫码听录音

Hi! I'm Josh. My Chinese name is Zhou Shuhua（周树华）.

I'm from Texas, USA.

I'm 1.92 meters tall.

I don't play basketball. I don't have a girlfriend.

I do like Chinese food.

I don't have a gun.

Do you think sharing these facts is the best way to introduce myself? I don't. So, why did I tell you these facts? I told you because these are the questions that people often ask me when they meet me.

Yes, it's true! Many people ask me if I have a girlfriend the first time we meet. Come on, people! Being single is hard enough already! I don't need you to remind me about it ten times a day!

Lots of Chinese people want to make friends with foreigners. They want to improve their English and learn more about the world. That's great! However, making friends with foreigners can be hard. It's not as easy as just asking all of those simple questions!

Making Friends with Foreigners: From the Foreigner's Side
与老外交朋友：从老外的角度看

I moved to China seven years ago. I couldn't speak any Chinese. I lived far outside of Guangzhou, so language was a big problem. Going shopping, going to the bank, and even going to a restaurant was difficult. Making a good friend or having a great conversation was impossible!

Even though I didn't have many friends, the people around me were all very warm. Every day someone would see me on the street and say, "Hi! Nice to meet you!" At first, I got excited when people talked to me. I thought, "I might make a new friend!" However, those conversations never became friendships. The conversations were just so… boring.

Soon, I started to be afraid of those people! When someone said, "Hi! Nice to meet you!" I would think, "Oh, no! Not again!" I stopped smiling at strangers. I started wearing headphones all the time. Sometimes, I pretended I couldn't speak English!

My American friends had the same problem. Most of us were teachers, and we worked hard in classrooms and in English Corners. When Chinese students tried to get free conversation practice from us on the street, we felt like we were working for free. Most of us hated it!

My friend Bryce had a funny habit. If a stranger said "Hi!" to him on the street, he would always say, "English practice is 150 per hour. Please pay first!" I thought this was funny, but I also knew that there was a problem. Those people were not trying to be rude. They just wanted to learn, but they did not know how to make friends with foreigners successfully!

I wanted to help those Chinese English learners, because I had exactly the same problem. You see, while you were trying to learn English, I was also trying to learn Chinese. Just like you, I also needed some help!

A Foreigner Tries to Learn Chinese
老外尝试学汉语

Chinese was not the first language I tried to learn. In America, I studied Spanish for five years. I could pass the tests, but I couldn't communicate. I thought I had no talent for languages.

When I came to China, I studied Chinese every night in my office at the school. Every night, I could see my students studying in their classrooms as well. I felt like we were working hard together, but we had the same problem: we could not communicate well.

Why couldn't we communicate? What was the problem?

Communication seemed impossible. My American friends in Guangzhou told me, "Chinese is so hard! You'll never learn it. Don't waste your time!"

I made a decision. I did something surprising. I did something not very inspiring: I gave up. Instead of staying in my office every night, I went out and walked around the city. I went to new places. I talked to people. I made new friends.

And then, something amazing happened: my Chinese communication started to get better!

That's right. My Chinese got better after I gave up. That's because when I stopped **studying** Chinese, I started **using** Chinese! I would use Chinese with people on the street. I would use Chinese with my new Chinese friends. I would use Chinese at every opportunity. That's when I learned something important:

Language is not something to be studied. It's something to be used.

语言不是用来研究的，而是用来交流的。

Language is alive. Words and grammar are like a body, but if you do not use it, the body will have no soul! You have to use the language in your daily life. Speaking Chinese in Chinese class or Chinese Corners was not enough. I had to use it in my real life, with my real friends.

This changed my life. I became crazy about using Chinese. I tried to make as many friends as possible. When I met Daniel, I knew that he also understood this. He always teaches his students that "English isn't about passing a test. It's about communication!"

Daniel understood what I wanted to do. He helped me find a new job in a Chinese company, where I had to speak Chinese every day. The job was at a small company in a small town, and it was perfect. My other friends could not understand why I wanted to leave my comfortable life in Guangzhou, but I didn't care. I knew what I needed to do.

My Chinese got better very quickly. After just one year, I found a better job at a Chinese company in Beijing. I translate and interpret every day. I have more Chinese friends. More importantly, I speak more Chinese than English in my everyday life.

The last time I visited Guangzhou, my old friends were amazed. "How did your Chinese get so good? Where did you study?" I just looked around the room and said, "The world is your classroom!"

Now, I want to help you do what I've done! I want to teach you how to use friendship to change your life. I hope that someday you can tell me the story of how you mastered English!

Daniel's Story: I've Been Where You Are Now
Daniel 的故事：昨天的我可能就是今天的你

An Amazing American Journey
神奇的美国之旅

Bob: Daniel, Tom 已经和我提到你好几次了，你来过凤凰城吗？

Daniel: 没有，这是我第一次来，而且也是我第一次在美国参加朋友的生日 party。Bob, 你去过中国吗？

Bob: Tom 每次去中国都会和我们分享他在中国的神奇之旅。我很想去，可是我太太她……

Daniel: 在中国有这样一句俗语——"不到长城非好汉"，意思就是，你没有去过长城的话，就不算是一个真正的男人。我在中国等着你！ (In China, we say "bu dao chang cheng fei hao han". It means that if you haven't been to the Great Wall, you're not a real man. I'll be waiting for you in China!)

Bob: Tom，明年你去中国记得提前告诉我。我和 Daniel 有个约定，明年一起去爬长城。

Daniel: 就这样定了！在中国喝酒有这样一句话：感情浅，舔一舔；感情深，一口闷！意思就是，如果我们交情一般的话，喝一点点就可以，但是如果我们交情很好的话，那就干了吧！ (It's a deal! In China, when we make a toast, we say "gan qiang qian, tian yi tian; gan qing shen, yi kou men!" It means that if you're not good friends, then just take a sip. But if you are really close, then bottoms up!)

Bob: 为中国之旅干杯！

Daniel: 干杯！

……

　　这是我参加美国朋友 Tom Hopkins 生日 party 的一个对话小片段。Tom 是美国销售培训的权威，面授的学员全球超过 500 万，也是美国超级畅销书《掌握销售的艺术》的作者。

　　那晚的生日 party 氛围轻松愉悦，在有说有笑中我们度过了三个多小时的美好时光，我也认识了 Tom 的朋友 James，Bob，Robert 等。在回 Tom 家的路上，Tom 和我分享道："Daniel，很高兴你能从中国来参加我的生日 party，我的朋友们很喜欢你。如果明年你还来我家度假的话，他们想邀请你去他们家住几天。顺便说一下，James 拥有凤凰城最漂亮的别墅。"

　　"太棒了！如果你不介意的话，我希望我以后每一年都能来凤凰城看你。"

　　"看来你在美国又多了一个家了！"

　　当晚，我躺在床上久久不能入睡，还在回味我在美国这四天的神奇之旅：住进美国超大超漂亮的豪宅，体验美国精英人士的私人高尔夫俱乐部，欣赏 Tom 过去 40 年收集的艺术品，认识 Tom 的好友……而 16 年前，这一切都是难以想象的。

English Learning 1.0: Self-Teaching
英语学习 1.0 版本：自学成才阶段

当年大一英语晨读时，有个同学问了一个让我大吃一惊的问题："你在学法语吗？"读完一段文章，英语老师却告诉我："你读完了？！我好像就听到前面几个单词……"从此以后，不管春夏秋冬，我就在同一棵树下整整坚持自学了两年英语。

为了学习英语，我每天早起读英语；为了学习英语，我甚至翘其他课去读英语；为了学习英语，我把省下的大部分钱用来买英语学习资料。

直到 2012 年 4 月的某一天，我的自学之旅被一个陌生人终结了。

那天我像往常一样在同样的地方读英语，有个人从我前面走过去，然后他又走了回来，突然跟我说了一大段英语。我完全没有听懂，最后回了他一句："I'm sorry. My English is very poor."他的回答大大超乎我的意料："你的英语这么差！还好意思大声读！不是学英语的料就不要再学了！"

自学两年的英语之路，我学到了一个道理：

There's always a way to success, and failure always has a reason! If you have the wrong method, your hard work is wasted. When you find the right method, you're already halfway done!

成功一定有方法，失败一定有原因！方法不对努力白费，方法一对事半功倍。

与老外交朋友

English Learning 2.0: Training Classes
英语学习 2.0 版本：参加培训

一个月之后，我报名参加了一个英语课程。

我很喜欢这位老师互动、启发式的教学风格，一天下来，我的笔记记了满满的一本。

晚上老师来找我聊天，他说："我发现你今天一直都在记笔记，却很少参与到课堂中。"

当时我心里想："不是我不参与，而是我英语太差了，怕出洋相！"

老师问道："你今天有什么收获吗？"

我瞬间自信爆棚，把当天记得满满的笔记本递给老师。

老师很惊讶我这么用心记笔记，突然他又问道："能和我分享一下你今天的突破吗？"

我被这个问题问蒙了。一天下来记了很多笔记，却没有任何突破。

我发现自己陷入了一个学习的怪圈：我渴望讲一口漂亮的英语，却不愿意举手参与；我渴望讲一口漂亮的英语，却不愿意开口说英语；我渴望讲一口漂亮的英语，却在重复自己的过去！

我突然意识到：我还是在用过去的方式学习英语，只是换了一个环境而已。

改变其实就在一瞬间！第二天，我开始抓住一切机会来改变自己。

毕业那一天，我获得了"最大突破奖"，并代表近 300 名学员发表了毕业感言。

English Learning 3.0: Making Friends with Foreigners
英语学习 3.0 版本：与老外交朋友

有一段时间，我痴迷于背诵文章，一年时间，背诵了超过 100 篇文章。

一个偶然的机会，我旁听了三位美国外教和一位中国老师的对话。听了几分钟后，我突然发现自己几乎没听懂他们在讲什么！我赶紧安慰自己道："没事的！他们聊的话题可能我不太熟悉。继续听下去，肯定能听得懂的。"

10 分钟过去，我还是没听懂；20 分钟过去，我依然没有听懂。我对自己的英语彻底失望了！

在回学校的公交车上，我不断地问自己："为什么我这么努力学习英语，却依然听不懂老外讲的英语？为什么我背了这么多文章，却依然无法和他们交流？为什么？为什么？为什么？"

当时我也没有答案。

第二天，我重新回到了那个英语学校并采访了那三个外教。

我问了他们一个问题："如果你是我，你想说一口流利的英语，你会如何做呢？"

不可思议的是，他们的回答几乎是一模一样的："每一天，我会用英语跟我身边的每一个人交流！"

我突然意识到自己一直以来的问题所在：我一直在背诵文章，却很少运用文章；即使是运用，也只是卖弄，没有互动，而且我也发现大部分的文章只能在特定情况下使用。

庆幸的是我明白这个道理：

If you don't want the future to be the same as the past, you must make a change!

要想未来不等于过去，就必须选择改变！

从那天开始，我的英语学习进入了 3.0 时代：在使用中学习英语——与老外交朋友。

Meeting Josh
和 Josh 结缘

首先是缘分。当我听到他介绍他的中文名字——"周树华"时，我就知道我多了一个美国弟弟。

其次是标准。一起共事时，我很欣赏他能"按计划执行，按原则做事，按标准完成"。

最后是学习中文的决心。为了学好中文，Josh 放弃了原先高薪的工作；为了学好中文，Josh 离开了他熟悉的城市——广州；为了学好中文，开启了一段"不讲英文，只讲中文"的旅程。

Are You a Friend-Making Master?
你是交友达人吗？

请用"Always（经常）"，"Sometimes（有时）"或"Seldom（很少）/ Never（从来没有）"来回答下面每一道题。

1. When you see a foreigner, are you brave enough to start the conversation? 当你看见一个老外时，你有勇气上去交流吗？
   ☐ Always　☐ Sometimes　☐ Seldom / Never

2. When talking with foreigners, are you confident that you will understand what they say? 和老外交流时，你很自信能听懂他们说的吗？
   ☐ Always　☐ Sometimes　☐ Seldom / Never

3. When talking with foreigners, do you have a lot of things to talk about? 和老外交流时，你有很多话题可聊吗？
   ☐ Always　☐ Sometimes　☐ Seldom / Never

4. When talking with foreigners, is your vocabulary big enough? 和老

外交流时，你的词汇量够吗？

☐ Always ☐ Sometimes ☐ Seldom ／ Never

5. When talking with foreigners, do you enjoy making mistakes? 和老外交流时，你喜欢犯错误吗？

☐ Always ☐ Sometimes ☐ Seldom ／ Never

6. When you go to parties, do you talk to people other than your friends? 当你去参加派对时，除了问候老朋友，你会结交新朋友吗？

☐ Always ☐ Sometimes ☐ Seldom ／ Never

7. Before you talk to foreigners, do you pay attention to their body language? 和老外交流之前，你会观察他们的言行举止吗？

☐ Always ☐ Sometimes ☐ Seldom ／ Never

8. When you break the ice, do you make up a new ice breaker for each situation, and not just use the same ice breaker every time? 破冰时，你是因人而异而不是重复你熟悉的开场白吗？

☐ Always ☐ Sometimes ☐ Seldom ／ Never

9. When the other person is talking, are you really listening, and not just worrying about what you will say next? 对方在讲的时候，你是专心在聆听而不是想着接下来要说什么吗？

☐ Always ☐ Sometimes ☐ Seldom ／ Never

10. After you get the other person's contact information, do you follow up and make plans to see them again? 拿到对方联系方式之后，你会跟进并约下一次见面吗？

  ☐ Always   ☐ Sometimes   ☐ Seldom / Never

11. Do you have a plan to meet new foreign friends every month? 你每个月都有认识新外国朋友的计划吗？

  ☐ Always   ☐ Sometimes   ☐ Seldom / Never

12. When you have problems making friends with foreigners, do you spend time thinking about how to make yourself better? 与老外交朋友受挫后，你会总结教训让自己不断精进吗？

  ☐ Always   ☐ Sometimes   ☐ Seldom / Never

13. When you don't understand what the other person said, do you admit that you don't know and ask them what they meant? 当你听不懂的时候，你会如实告诉对方并让他们解释吗？

  ☐ Always   ☐ Sometimes   ☐ Seldom / Never

14. How often do you participate in social or interest-based events? 你多久参加一次社交或以兴趣为导向的活动？

  ☐ Always   ☐ Sometimes   ☐ Seldom / Never

15. Do you make sure to spend time getting better at your hobbies? 你会花时间投入到兴趣当中，让自己在这方面更加擅长吗？

  ☐ Always   ☐ Sometimes   ☐ Seldom / Never

"经常"为 10 分，"有时"为 5 分，"很少 / 从来没有"为 0 分。现在把分数加起来！

131~150: Amazing 不可思议

恭喜你！你就是传说中的交友达人。你的生活方式有利于与老外交朋友。你知道如何与陌生人展开交流，并熟悉如何把交流变成真正的友谊。

91~130: Pretty good 相当不错

你比大部分人都善于社交。你也不太害怕与陌生人交流，而且有很好的人际关系。只要多加练习沟通技巧，让自己再勇敢一点，就一定能成为一名交友达人。

61~90: You're on the way 有待提高

你有一些好的交友习惯，有时候也能和别人聊得不错。但是，你可以变得更好！只要多培养几个新的生活习惯，学习新的沟通技巧，就可以让自己的交流更上一层楼。

0~60: Let's get started 开始行动

很多人和你一样都在这个水平。幸运的是，你买对书了。接下来的内容将会让你的交友水平扶摇直上。

没有得到理想的分数？不用担心！从这本书中，你将会学到成为交友达人的所有必备技巧。

读完这本书并把书中所讲述的技巧练习一个月之后，再做一遍测试。你的分数上去了吗？坚持不断地学习、练习及检测，直到自己成为交友达人为止。

或许你会觉得自己太害羞了、太紧张了，或太无趣了，但事实上，每个人都能通过学习让自己成为一个更好的交友者。现在，请翻开下一页，马上开始吧！

Chapter 1

Communication is Key
能交流，才算会英语

Knowledge vs Skills
知识 vs 技能

你是不是想和老外交流，却因为害怕而不敢上前？

你是不是和老外交流几分钟之后，却发现无话可说了？

你是不是和一些老外交流过，却没能交到朋友？

对于以上任何问题，如果你的回答为"是"的话，也不用担心！事实上，90% 以上的英语学习者会对这些问题回答"是"。

这就是为什么会有很多人一直问我们同样的问题：

I've studied English for all these years, so why can't I communicate well with foreigners?

我学习英语这么多年了，为什么还是不能和老外进行很好的交流？

原因有两点：其一，学校不教你如何与老外交朋友；其二，在学校，我们学到的是知识，然而与老外交流却是一门技能。知识和技能有着天壤之别！

知识	技能
知识是你所知道的。 知识可以通过听课或阅读获得，学校是获得更多知识的好地方。	技能是你能做的。 技能只能通过不断地练习而获得，它是尝试、犯错、总结，然后再尝试的过程。

知识派认为"更多知识"才是英语学习的关键所在，他们总是不断努力学习更多的词汇和语法。他们的口头禅是："多一点，多一点，再多一点！"这些人通常学习成绩非常优异，是考试高手。

然而，**技能派**重视的是"更好的交流能力"。他们的口头禅是："尝试，尝试，再尝试！"这些人可能成绩不一定好，却是沟通达人。

学校是学习知识的好地方，却不是获得技能的好地方。要想成为一名沟通高手，就必须走出校门去实践，让英语交流成为生活的一部分。

我们用表格的形式来看看考试高手和沟通达人的区别。

考试高手	沟通达人
死记硬背 背单词，背句子，背文章……只要考试需要，统统都背。背了忘，忘了再背；不断地忘，不断地背。	**灵活运用** 同一个词或同一句话，根据语调和语境的变化，意思也随之变化。他们能灵活运用所知道的来表达自己的意思。
专研语法 语法好比一部汽车的零部件，他们熟悉每个零部件的所处位置，也知道它们的用途。然而，他们不一定会开车，更糟糕的是没有想开车的欲望。	**注重语感** 他们不一定知道汽车上的零部件，但会开车，而且很享受开车。他们相信：车是开出来的，老外朋友是聊出来的。
好大词 他们以为大词会让自己的英语变得高大上。他们背了很多老外几乎都不用的单词。他们学习词汇往往停留在第一阶段——辨别，即看到或者听到这个词，只知道它的意思。	**喜小词** 他们知道与老外交流很少用到生僻大词，而会频繁使用高频小词。他们懂得只需要掌握600个高频小词，就能和老外侃侃而谈 。对于词汇，他们的标准是：看懂是骗人的，听懂是第一步，在各种语境里灵活运用才是关键。
正确答案只有一个 考试的答案只有两种结果，要么对，要么错。考试高手总是会担心对与错。他们害怕犯错误。不肯定的时候，是他们最痛苦的时候。	**条条大路通罗马** 交流没有对与错。他们懂得交流的核心是先说完，再说完美。错误犯得越多，成长才会越快。他们擅长用知道的来解释自己所不知道的。
短期记忆 一旦考试结束，就不再去学习、复习。随着时间的推移，当年倒背如流的知识也慢慢地遗忘了。	**长期拥有** 刚开始，他们需要刻意地去学习和练习。一旦他们把习惯融入到生活当中，学习就成为了生活的一部分。他们活到老，学到老。

We believe: your vocabulary is already good enough! Your grammar is already good enough! You don't need to worry about knowledge. Now, it's time to practice skills! This is the only way to become a real English communicator!

我们相信：你的词汇量已经足够多了！你的语法知识已经足够了！你不需要再担心知识。现在，是练习交流技能的时候了！这才是成为一名真正的英语沟通高手的唯一途径！

有些人觉得他们可以随便找一些老外练习英语。只要走出去，找一些老外，说"Hi"就好了，没必要为了练英语而交朋友。

然而，你对 100 个陌生人说"你好"，并不代表你进行了 100 次的有效沟通——你只是练习了 100 次同样的对话而已！你可以把"嗨，你好吗？"说得很完美，但也就如此而已！

Learn from experience. To practice communication, you must have great conversations. To have great conversations, you must make friends!

从实践中学习。要想学习良好的交流，就必须要有愉快的沟通。而要想有愉快的沟通，就必须懂得交朋友！

来中国后，我读了很多中文书，记了不少的句子和语法。但是，只有在交到了中国朋友之后，才知道该如何使用它们；只有在交到中国朋友之后，我才开始自然地运用中文；只有在交到中国朋友之后，中文才真正成为我生活的一部分；最终，我的中国朋友教会了我应该如何真正地交流。

The Friendship Staircase
友谊阶梯

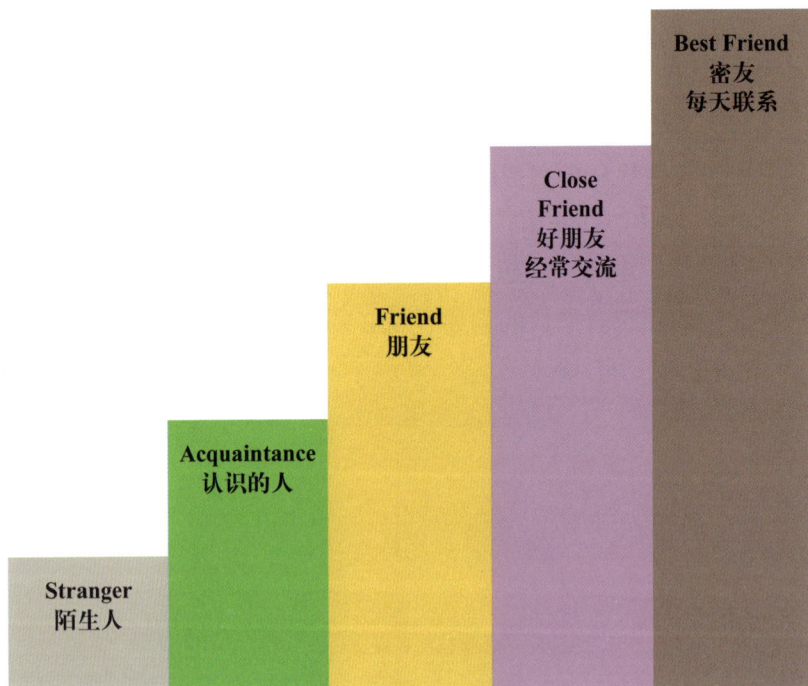

Best Friend
密友
每天联系

Close
Friend
好朋友
经常交流

Friend
朋友

Acquaintance
认识的人

Stranger
陌生人

你所遇到和认识的每一个老外朋友，都位于友谊阶梯的某个阶段。

友谊阶梯的级别越高，就意味着你们的交流频率越高，交流的话题越广，你们的感情越深，彼此的影响也越大。

有些人与老外交朋友的唯一动机就是提高自己的英语。然而，这只是在利用别人，根本就不算是交朋友。这样一来，你既不能在友谊的阶梯上登得更高，英语也不会获得很大的提升。

与老外交朋友的唯一原因应该是你欣赏对方，而对方也欣赏你。如果能做到这一点，你将在友谊的阶梯上平步青云。到时，英语的提升也会水到渠成。

English is not a reason for making friends. It's a side effect!

提升英语不是交朋友的原因，而只是顺带的结果而已。

Chapter 2

The Three Biggest Misconceptions about Making Friends with Foreigners

与老外交朋友的三大误区

从 2007 年开始，我就开始分享《与老外交朋友》这堂课，我通常会问学生以下三个问题。

想和老外交朋友的请举手，90% 以上的学生会举手。至少有一个老外朋友的请举手，不到 10% 的学生会举手。当你看到一个老外，是什么阻碍你上前交流？

分享了近 100 场，调查了超过一万名学生，我发现阻碍他们交流的有三大误区：怕听不懂，怕不会讲，怕词汇量不够。

其实，不管你是怕不会讲，还是怕词汇量不够，或者怕自己听不懂，归根结底只有一点：这都是借口！你可以选择给自己 100 个理由，告诉自己不要上前交流，也可以选择面带微笑，走向前，自信地说"Hi"。

12 年前，Daniel"追"了近一年的老外却没交到一个朋友。如今，Daniel 结交了近百位国外朋友，并为十多位国际大师同台翻译。

7 年前，Josh 从零开始学习中文。今天，Josh 可以用中文自由地听说读写。

我们坚信：如果我们能做到，你也一定行！

其实所谓的"怕不会讲""怕词汇量不够""怕自己听不懂"都是你过去对英语学习产生的误解，接下来我们将一点一点帮你搞定。

Afraid You Can't Understand
怕听不懂

我们先问自己一个问题：如果和老外交流时老是听不懂，这是谁的问题呢？

给出答案前，先看一下网上流传的一个英语翻译段子。

If you don't leave me, we'll die together.

翻译一：如果你不离开我，我们就死在一起。（中学水平）

翻译二：如果不滚开，我们就同归于尽！（四级水平）

翻译三：你若不离不弃，我必生死相依。（六级水平）

翻译四：问世间情为何物？直教人生死相许。（八级水平）

和老外交流时老是听不懂，这是你的问题。而且这不是你英语的问题，而是你态度的问题，因为你犯了一个英语学习者最容易犯的错误：你听不懂却假装懂。如果你的英语交流水平是小学级别，可是你却假装是大学水准，那么老外就会用大学水准的词汇和语速与你交流。

我依然记得我的第一个美国朋友Frank对我的教诲。

有一天，Frank聊到一个我不熟悉的话题。刚开始，我假装听懂了。随着他更加深入的分享，我发现我给自己挖了一个超大的坑，跳也跳不出来了。他讲得越多，我心里就越发麻。我想千万不能让他发现，不然就出糗了。

突然，他停了下，来问道："Daniel, do you understand what I'm saying?"

这个时候，我决定一条道走到黑。我停顿了一下，马上说："Yes, I understand."

接下来，他问了一句让我抓狂的话："What did I just say?"

眼前一黑，感觉自己的脸都发红了，结结巴巴地说："Uh... what you said was..." 最后发现自己实在无法圆这个谎，只能坦白说道："Sorry! I didn't understand."

让我惊讶的是，他特别生气，当场狠狠地教训了我一顿。他说的大部分英语我都记不起来了，但有两句言犹在耳："Never ever pretend to understand. Honesty is the foundation for our friendship." 随后他又补充道："Daniel，我从来不会对我的学生这样生气。今天情绪有点失控，是因为我不想失去你这个朋友。"

最后我鼓足勇气问道："Frank, how did you know that I didn't understand?"

他的回答很简单："你的眼睛背叛了你！每次我发现你的眼睛不断地转的时候，我就知道你没有听懂。"

　　不要老是说"My English is poor"，你觉得是谦卑，老外可能认为这是个借口。你可以用下面三句话来替代。

　　如果你很久没有讲英语了，你可以说：

Excuse me, my English is a little bit out of practice.

抱歉，我的英语有点疏于练习了。

扫码听录音

　　如果你正在学习英语，而你的英语水平还在初级阶段，你可以这样说：

Excuse me, my English is still at a beginner level. I am still working on it.

抱歉，我的英语水平还在初级阶段，我还在努力学习中。

　　如果你很少和国外朋友交流，你可以这样讲：

Excuse me, I seldom talk to international friends. It takes a while to get used to talking with you.

抱歉，我很少和国外朋友交流，我需要适应一会儿。

Afraid You Can't Express Yourself
怕不会讲

美国实用派语言教学法 TPRS 的创始人 Blaine Ray 在他的畅销书 *Fluency Through TPR Storytelling* 中提出英语交流的五个阶段：1）听不懂，要翻译；2）能听懂，不会讲；3）能交流，不自信，易卡壳；4）能交流，很自信，有错误；5）能交流，很自然，少错误。

我们在演讲时经常问听众这个问题："你的英语现在处于哪个阶段呢？"80% 以上的学生会选择第一到第三阶段。

根据我们的经历，从第三阶段跨到第四阶段只有一字之遥：敢。只要你敢讲，只有你敢犯错误，交流就不是问题。

和中国学生用英语交流的时候，这一幕经常会出现：前面交流得还很顺畅，突然因为一个词想不起来就"Ahhhh，那个那个……"有的学生，会卡在那里一会儿，还有的学生，因为一个单词不会就放弃继续讲下去。

英语交流的关键是流畅。

英语交流不是考试，没有所谓的唯一正确答案！没有所谓的高大上词汇！没有所谓的语法条条框框！英语交流就是表达你的想法，分享你的故事，加上你的情感。

这让我想起当年在南京一家英语培训机构曾经一起共事过的同事 Owen。有一次，我回南京去看他。他恰好在安排外教的工作。

Owen: You go to Wuxi, and you buy the ticket. When you come back, I will…Daniel, "报销" 英语怎么说？

Daniel: 哥们，你肯定行的。

Owen: When you come back, I will Baoxiao your ticket.

外教： Sorry. What does "Baoxiao" mean?

Owen: You don't know what Baoxiao is?

外教： I'm sorry. I have no idea.

Owen: "Baoxiao" means you go to Wuxi, and you buy your ticket. When you come back, I will give you money back.

外教： Ohh, I see.

Owen 拥有和老外交流最关键的一点：没脸没皮，所向无敌！ Just kidding. 其实，这一点是：用自己知道的去解释自己所不知道的。

实际交流中，表达没有那么严格的对错之分，关键是你能否清晰地表达你的意思。

专注你不会的，你一辈子可能都不能交流；专注你会的，你立刻就能交流！

On the path to great English conversation, remember: all roads lead to Rome.

在英语交流的道路上，牢记这一点：条条大路通罗马。

Afraid That Your Vocabulary Is Not Big Enough
怕词汇量不够

　　阻碍你和老外交流的，真的是你的词汇量不够吗？首先，请回答下面的两个问题：

你现在的词汇量有多大？

☐ A. 3000 ～ 5000　　☐ B. 5000 ～ 8000

☐ C. 8000 ～ 10000　☐ D. 10000 以上

你觉得需要多大词汇量，才能和老外进行有意义的交流？

☐ A. 1000　☐ B. 3000　☐ C. 5000　☐ D. 10000 以上

　　对于第二个问题，我们的回答是：1000 词汇都不需要。在学习英语口语词汇时，我们极力推荐：学高频，弃低频。

　　大学的时候听了一场词汇讲座，老师分享的主题是如何在一个月内增加 3000 词汇。

　　我当时听得激动，想想感动，回到宿舍立即行动：带上睡袋，冲向学校的通宵教室，开始一周背单词之旅。从第一个六级词汇单词开始，一天下来背了 200 个以上。到了第六天，我发现了一个严重的问题：今天背了新的，却忘了昨天记的。背了忘，忘了再背。不断地背，不断地忘。最后我选择了放弃这种方法。

　　几年之后，当我和我的几个外国朋友聊到英语学习的时候，我和他们分享了当年背单词的趣事。我突然发现当年背的单词几乎全忘光了。更让我惊讶的是：我几乎没有用到任何我当年背过的单词！

我第一次意识到：大学背的四六级词汇和老外日常交流的词汇好像来自不同的世界。

随着和老外深入的交流，你会发现很多有趣的现象。

点到好吃的菜的时候，我们经常说："Oh, it's delicious."他们却喜欢说："Wow, that's good."形容帅哥时，我们会说："He is a handsome man."他们却说："He is a good-looking guy."

更让人惊讶的是，平时被我们打入冷宫的简易单词，竟然被老外每天频繁地使用着。

"make"除了"做什么"的意思，老外还有很多用法。今晚办 party 问朋友能否来，可以说："Can you make it tonight?"看到室友和他女朋友在校园里接吻，可以调侃："I saw you guys making out last night."点快餐要大份的，可以说："Make it a large."没钱请朋友吃饭，用方便面将就一下，可以说："Sorry, we have to make do with instant noodles."

"work"除了有"工作"的意思，还可以像下面这样用。问一个方法是否可行的时候，你可以说："Does it work?"问朋友是否经常健身，你可以问："Do you work out often?"和男朋友分手之后，可以和闺蜜这样讲："It didn't work out with him."

与老外交流最需要学习的是高频易词，老外每天挂在嘴边的是小词，比如 get，make，do，out，good，work 等。而不是所谓的低频生词，一年甚至一辈子都用不到几次的词汇，比如 abnormal，abolish，abrupt，abstract，bacteria，barricade 等。

Daniel's Response: Be Confident!
Daniel 的建议：自信总比自卑好！

有一次，我在演讲的时候问学生："如果你对自己的英语不自信，请举手。"有不少的学生举了手，我随机采访了一个学生。

我说："你对自己的英语不自信，是吗？"他说："是的。"我说："你确定吗？"

他回答说："是的，我很确定。"我就说："为什么你对自己的不自信这么自信呢？！"台下的学生哄堂大笑。

自信是一种选择，你可以选择相信自己行，也可以选择相信自己不行！

我依然记得第一次和老外交流的痛苦经历。

一次偶然的机会，我发现了学校外教上课的教室。我决定下周去和他交流一下。为此，我精心准备了一周，背诵了好几篇文章，准备到时给他展示一下。那一天终于到来了，我提前半个小时在他上课的教室外面等他。

下课铃声响起，他的学生陆续离开。我走进教室，发现还有几个学生围着他交流。随着学生一个个离开，我发现我的心跳得越来越快，口干舌燥。

我不断鼓励自己："I can do it!"

终于，所有的学生都离开了。这时飘来一句特别亲切的问候："Hi."

我的脑袋突然"嗡"的一声，我发现准备了一周的开场白和精心背诵的文章全部忘光了。最后，我憋出一句"Bye-bye"，低头快速离开了教室。

和老外说话紧张怎么办？分享两招，让你和紧张 say goodbye。

Change Your State of Mind
调整状态

当我们紧张的时候，双腿可能会颤抖，手心可能会出汗，可能会口干舌燥，身体也可能会变得僵硬……而这一切身体的表现都源于你的心跳在加快。你的心脏就像汽车的发动机，心跳一加快就像发动机在加速。发动机一加速就会产生大量的动力，心跳一加快就会产生大量的能量，紧张就是能量过剩且不能合理利用的表现！

因此，下次你去找老外的时候，如果发现自己在紧张，可以先用 3C 法则调整状态：Chin up 抬头，Chest out 挺胸并深呼吸，Cheese 面带微笑。然后，快步走上前，面带微笑，自信地说出"Hi"。

每次紧张的时候，我会告诉自己一句话：

When I'm nervous, my voice should get louder and my gestures should get bigger!
当我紧张的时候，我的声音要更大，我的肢体动作要更夸张！

声音更大，肢体语言更夸张，其实就是帮助你快速排出过剩的能量。

Change Your Focus
改变聚焦

改变聚焦最快的方法是改变问自己的问题。

人的大脑特别神奇，就像搜索引擎一样。只要你提出一个问题，它一定能给你提供答案。在你紧张的时候，如果你问自己："为什么我这么紧张呢？"你可能会给出一长串原因：我的英语不够好，我准备得不够充分，对方会不会拒绝我，如果他不理我怎么办……

紧张的时候，你也可以问自己："为什么我这么兴奋呢？"你的理由可能是：我又要多一个国外朋友了，和他交流又可以学到新的知识，每一次尝试都会让我变得更加自信；因为我，他可能会更喜欢中国……

下次和老外聊，你会问自己哪个问题呢？

老外就在面前，上去聊还是不聊？有的人的回答是："我还没有准备好！"

现在如果你没有准备好，明天你还可能没有准备好！你觉得你何时会准备好呢？

与老外交流的信念：从我学英语的那一天起，我就时刻准备着。我等的就是今天！我等的就是这一刻！Just go for it!

Josh's Response: Have You Made Mistakes Today?
Josh 的建议：你今天"二"了吗?

Wow! Daniel 给了很多关于建立自信的好方法。下次当你遇到一个老外时，告诉自己这句话 **"Don't be shy, just say Hi."**

不过还有一点，无论如何都必须要去做。我知道你不想做，但还是必须做，那就是：

You must make mistakes.
你一定要犯错。

是的！你必须犯错，而且要尽可能多地去犯错。更重要的是，你必须喜欢上犯错误。你要享受犯错误。你犯的错误越多，交到的朋友就越多！

Fear of Mistakes is Your Biggest Enemy
害怕犯错是最大的敌人

我当年在高中教英语的时候，绝大多数学生都因太过害羞而不敢讲英语。然而，有些学生会来办公室找我聊天。他们的英语虽然不是很好，但我们聊得很愉快。

有一天，另一位老师看到学生从我办公室走出来，她很困惑，于是走进我的办公室来了解情况。

"怎么回事？这些学生犯了什么错误吗？"她问道。

"没有啊！"我回答道，"他们只是过来和我聊聊英语而已。"

她吃惊地说道："啊，但那些都不是好学生，英语成绩很差的！"

这简直难以置信。我一直以为他们都是班上的英语优等生，毕竟只有他们能跟我用英语交流。

然后，我就发现了一个有趣的现象：做"好学生"可能是件坏事。为什么？因为好学生害怕犯错。如果他们觉得自己可能会犯什么错误的话，那么他们一定不会开口。

而"差生"根本不介意犯错，他们不害怕开口说英语，自然能无拘无束地说英语。如果你不尝试，你是不会犯错误的，但你也永远不会说英语。如果你真的去尝试了，你就一定会发现：交流并没有你想象中那样难。

不要让"害怕犯错"封上了你的嘴巴！尽情去尝试吧！别再犹犹豫豫的了，放手去做，你就会发现英语学习竟然可以这么多姿多彩。

You WILL Make Mistakes
你一定会犯错

犯错误，没什么大不了的。即使你犯了一些错误，你的国外朋友还是能听得懂的！

我学习汉语已经 7 年了。如今，我每天说的汉语比英文还多。但是，我说中文的时候还是会犯不少的错误。用错声调或写错字的情况几乎每天都会发生。但我的中国朋友还是能够明白我的意思。只要我开口说中文，错误就不可能避免。你也一定会！这是语言学习的一部分。只有机器人才能做到准确无误。我们不是机器人，所以一定会犯错。

跟我一起说：我一定会犯错！我一定会犯错！我一定会犯错！

2013 年，我和自信英语的 CEO，Sam，去美国的达拉斯参加语言教学法 NTPRS 的年会。我们先飞到旧金山，在那里待了几天。每次认识新朋友，我都会这样介绍 Sam："This is my partner, Sam." 有时候，我感到对方的眼神有点怪。

直到有一天，我和一位新认识的朋友谈论家庭的时候，他问道："How long have you been with your partner?" 当时，我立刻问道："Why don't you say 'wife'?" 他的回答让我大吃一惊："In California, you never know if someone's partner is a man or a woman." 突然发现在美国，尤其是加州，你的对象不一定是异性，也有可能是同性哦。OMG! 我终于明白为什么有些人的眼神有点怪了。

友情提示

如果是事业合伙人，可以说 business partner；如果是英语学习搭档，可以说 English learning partner。

Mistakes are Your Greatest Teachers
错误是最好的老师

犯了错误后，你就一定会记住它。而当你一直记住的时候，就一定会从中汲取经验。

我已经记不清自己到底犯了多少个错误，可能有数以千计！数以万计！甚至上百万！不过每次犯下错误后，我就不太可能再去犯同样的错误了。

分享一个我觉得最尴尬的错误。

有一天，我去公寓下面的小店里买饮料，身上没带零钱，但是小店里工作的女孩也没有零钱。当时，她很尴尬。

本想安慰一下她，我想告诉她："不用担心，我经常来这里，我们已经是朋友了。"由于忘了"朋友"这一词，结果说成了："不用担心，我经常来这里。我们已经有关系了。"

她简直吓坏了！她马上跑进小店后面的房间，然后我没拿零钱就离开了。后来，当我跟同事说起这件事时，他们都笑疯了。这也让我学到了原来汉语中的"关系"有这么多种用法，不过，那次错误也给我上了生动的一课。所以，每次犯错误的时候，直接告诉自己："谢谢你让我的英语变得更好！"

你应该明白这个道理：

If you aren't making mistakes, then you're making a mistake!
不去犯错误本身就是一个错误！

为了变得更好，我们必须去犯错。如果你问我："我该如何提升我的英语?"我的回答就是:"你今天'二'了吗?"

If you forget everything else from this book, just remember this: enjoy making mistakes, and learn from your mistakes. Every day, get a little bit better.

假如你忘了本书中所有的内容,也请至少记住:享受犯错,并从错误中学习。每天,进步一点点。

总 结

大部分人与老外交朋友最大的障碍是害怕。

他们害怕听不懂,害怕不会说,或者害怕词汇量不够。

现在,你知道了这都是误区。绕开这些误区,重新上路。

跟老外交流紧张时,你可以调整自己的状态或者改变自己的聚焦点。

跟老外交流怕犯错时,记住:你犯的错误越多,你交的朋友就越多。

Chapter 3

How Friend-Making Masters Are Made
交友达人是怎样炼成的

Theory of Lifestyle
生活方式理论

　　想象在初中英语课上，老师说："今天，你们的作业就是和老外交朋友。然后回来分享你的故事。"

　　台下一片哗然："这作业也太奇怪了吧！""我不知道该怎么做。""老师今天怎么了？"

　　一位同学举手问道："我们什么时候交作业？"

　　老师笑了笑并说道："明天。"

　　这下，整个教室都炸开了锅。"明天！""不可能！""老师真的疯了！"

　　第二天英语课上，老师问道："没有完成作业的同学，请举手。"学生都陷入了尴尬，几乎所有的人都举了手。

　　然而，老师根本没生气。"你们不要担心，"老师笑了笑，"这其实不是作业，而是一次试验，这不影响你们的成绩。"然后，老师就开始问学生是怎么想办法和老外交朋友的。

Eric 分享道："我觉得自己的词汇量不够，所以就花了整整一个晚上背单词。到了早上，我必须要来上课。"

Susan 说："我去了杂货店，看到一些老外，也想上去跟他们交流，但是我不知道该说什么。每次想上去交流，各种担心和害怕却让我止步不前。最后，我一个朋友都没交到。"

Bob 说："我去了靠近大学城的一个公交车站。不一会儿，就看到几个老外走过来。我问他们：'Where are you from?''What do you think of China?''Do you like Chinese food?' 等 。我和他们也聊了十几分钟，但是当我向其中一个人问电话号码时，他略显尴尬，结果没有给我。"

老师并没有感到意外。她最后问道："有人完成作业了吗？"

教室后面，Molly 举起了手。其他的学生简直惊呆了！Molly 是个差生，她的英语成绩很差。

接着，Molly 开始描绘她的经历："我其实也没做什么，就像平时那样去打篮球，看到几个老外也在那里打篮球，于是我就去问可不可以加入他们。比赛结束后，我们又在一起吃了晚饭，还约了今天一起打篮球。"

Eric 想通过**背单词**来完成作业，虽然花了一整晚去背单词，但实际上却没有跟任何一个老外说过哪怕"Hi"这个词。

Susan 想通过实际**行动**来完成作业。虽然老外就在眼前，却不敢上前去交流。

Bob 迈开了交流的第一步。他虽然跟老外展开了交流，却始终都没能跳出"友谊阶梯"的第一阶段，没有把交流变成真正的友谊。

Molly 没有很多的词汇量，也没有各种担心与害怕，也没有想过谈论什么有趣的话题，她唯一做的就是和老外一起打篮球。最后也只有 Molly 成功了。

这怎么可能？

Molly 身上有一样别的学生都没有的东西，这是一样比词汇、有趣的话题和社交技巧都要厉害的秘密武器。

而这件秘密武器就是她的生活方式。

友谊源于共同的兴趣爱好。如果你能和对方分享自己的兴趣，那么友谊自然就会得到发展。如果你在兴趣的基础上养成了自己的生活方式，交朋友也会变得轻松容易。

我们称之为 Theory of Lifestyle（生活方式理论）。

Create the right lifestyle, meet the right people!
建立合理的生活方式，遇见同频的老外！

Molly 因为自己的生活方式才遇见了同频的老外。找到他们之后，她根本没有讲太多的英文——她只是和他们的兴趣爱好一致。接着，在兴趣的基础上再深入交流。因为她有适合交友的生活方式，所以就会轻松地交到朋友。

Bob 和 Susan 没有用他们的生活方式找到和自己有共同兴趣爱好的人。相反，他们只是**随便**找到几个人。如果他们当时通过兴趣爱好去结交新朋友，或许就成功了！

合理的生活方式能解决大部分碰到的问题。假如你想交更多的朋友，第一个要问自己的问题就是：我有适合交友的生活方式吗？

The Three Traits of Friend-Making Masters
交友达人的三大特点

适合交友的生活方式会让你认识更多的老外。而你认识的老外越多，成为朋友的机会就越多。

They have interest–based lives
以兴趣为导向的生活方式

社交达人

They are social
社交型

They are brave
勇往直前

或许你觉得自己不擅长社交，或许你觉得自己没有什么兴趣爱好，或许你觉得自己一点都不勇敢。这都没关系。关键的是这三点你都可以学到。你要做的就是培养新的生活习惯。现在就让我们逐一攻破。

Love Being Social
社交型

社交型的人习惯与人交往。认识新朋友之后，他们也会与对方保持联系。正因为如此，他们的社交圈总是在不断变大。

不是所有的人都有社交型的性格。比如，我年轻的时候就非常害羞。

我在上大学的头两年，交的朋友并不多，平日里只会和室友出去玩。但是，在第三年和第四年，我便积极与人打交道，参加更多的活动，主动和更多的人打招呼。到大四的时候，我成为了学生会的一名干部，从"害羞男孩"蜕变成"社交达人"。不过，我并没有改变自己的性格，改变的只是生活习惯而已。几个新的生活习惯就会彻底改变你的生活。

社交达人通常会有几个非常有效果的生活习惯，而这些习惯会让他们的交际圈越变越广。

第一，走出去。每周都会去参加一次活动或聚会，去认识其他人。与人交往成为了他们生活方式的一部分，"社交"就是每周的必备行程！

第二，主动说"Hi"。无论在哪里，他们都会努力认识一些新的朋友。是不是听起来挺有挑战的？没错，的确是这样。但是当你把它培养成习惯之后，就不会这样觉得了。不要害羞，尽管去交流！

第三，建立链接。当他们认识其他人的时候，他们会想：我认识的朋友当中，还有没有和他有同样兴趣爱好的人？如果有的话，他们就会介绍他们相互认识，于是他们就有了"社交达人"的称号。这样一来，他们的朋友也会主动邀请他们参加更多的社交活动或者引荐更多的朋友给他们。

最后，保持联系！认识新朋友之后，他们也不会和老朋友断了往来，他们也会和老朋友时不时地互动一下。

Enjoy an Interest-Based Lifestyle
以兴趣为导向的生活方式

每一次交流都源于一个话题，每段友谊都源于共同的兴趣爱好。如果和对方共享同一个兴趣爱好，就能轻松地跳到更高的"友谊阶梯"。这也就是为什么交友达人都会有着以兴趣为导向的生活方式。

"兴趣"可以是任何事情。想想什么会让你有动力？什么会让你兴奋？你喜欢谈论的是什么？兴趣可以很简单，比如看书、玩游戏也是一种兴趣，甚至看电视也可以是一种兴趣。

如果你觉得没有任何兴趣，那就培养一个。尽量尝试各种不同的事情，直到找到真正喜欢的。到网上查看你所在区域的社交活动，比如读书俱乐部、徒步俱乐部、羽毛球俱乐部，甚至电子游戏俱乐部之类的。放手尝试！兴趣有可能会随着时间而改变，不过这也没有关系。

找到兴趣后，只要做两件事。

第一，融入其中。"融入其中"指的是要找到相应的兴趣社团。问自己："有这种兴趣的人会去哪里呢？我要怎么认识他们呢？"首先要找到他们，然后主动跟他们打招呼，最后融入其中。

如果你所在的城市没有这样的社团，那就自己着手建立一个吧。在豆瓣网、微信或微博上发宣传，找到兴趣相投的人，然后策划一次见面会，就这么简单。

第二，不断精进。"不断精进"指的是每周都会投入一部分时间来发展自己的兴趣，并让自己在兴趣方面不断地提升。你越擅长，知道的就越多，能分享的东西也就越多。当然，没有一个人会拒绝一个专家型的朋友。

Dare to Be Brave
勇往直前

很多人都愿意结交更多的朋友。然而，最终没有做到往往是因为害怕。走出去，主动说"Hi"，和他们建立链接可能都会让你觉得很害怕。但是，你为什么会害怕呢？

害怕其实是保护自己远离危险。你怕高吗？怕蛇吗？怕黑吗？这都是可以理解的。从高处掉下来会让你受伤，蛇可能会咬你，而黑暗会……谁知道黑暗中会有什么？

那么我们为什么会害怕和陌生人说"Hi"呢？这是因为我们害怕被拒绝、害怕失败。

与老外交朋友，我们要爱上失败。

We love failure; it makes you stronger!
我们喜欢失败，失败会让你变得更加坚强！
We love failure; it makes you more confident!
我们喜欢失败，失败会让你变得更加自信！
We love failure; it's an opportunity to learn more!
我们喜欢失败，失败是让你成长的好机会！

交友达人也会因害怕而产生恐惧，但是他们不会让恐惧控制自己，相反，他们会掌控自己的恐惧！而掌控恐惧最好的办法就是直面他们。

我遇到的最厉害的交友达人是一名教授。所有的教授和学生都非常喜欢他。他很自信，也很会社交，极具正能量。每当我想要成为更好的交友达人时，都会想到他。

第一次见到他的时候，他给了我一些建议：每天去做一件自己害怕的事情。我当时觉得他疯了。毕竟，一年有365天，我要面对365种不同的恐惧吗？！

后来，我才真正明白了他的意思。如果你害怕和别人打招呼，那就每天都做一次。不久之后，你就会发现自己的恐惧不复存在了。

要想突破自己就要直面恐惧，做一些自己过去不愿意做、不敢做的事情。

不要让害怕阻止你交友的脚步，而要让它成为前进的跳板。然后你就会发现：交友达人的生活方式一点都不可怕，其实是非常精彩有趣的。

总　结

一般人和交友达人的区别不在于英语能力——而在于生活方式，它是你与老外交朋友的秘密武器。

交友达人愿意结交新朋友，并与他们建立链接，保持联系；交友达人培养以兴趣为导向的生活方式，并且会通过这些兴趣交到新的朋友；交友达人不害怕与陌生人说"Hi"。他们能直面恐惧，勇往直前！

Chapter 4

The 5 Steps to Talking with Foreigners

搞定老外，只要五步

Seed Conversations
"种子交流" 法则

我们每个人每天都在交流，但你有没有认真思考过：到底什么是交流？交流的原理是什么？

不是每个人都善于与老外交流，但是我们可以通过学习来提升自己的交流能力。我曾经简直就是个英语聊天杀手。2003 年我花了一年的时间搭讪老外，被我搭讪过的老外不少于 100 个，可惜最终连一个老外朋友都没有交到。后来我遇到人生的第一个美国朋友 Frank，他手把手教我如何与老外交朋友。经过一段时间的辅导，我跟老外交流的能力有了质的飞跃。

交流分为很多种，不同的交流有着不同的目标。你在开工作会议吗？这是"专业性交流"；想跟女孩搭讪？这是"交友性交流"；想在咖啡馆点杯拿铁？这是"功能性交流"。

在这本书中，我们的目标是发展友谊，把陌生人变成朋友。有一种特殊的交流方式可以达成这点。只要方法得当，五分钟内你就可以把陌生人变成朋友。

到底是什么样的交流方式呢？我们称之为"种子交流"法则。

是不是很有趣的名字？犹如种子可能会长成大树，"种子交流"能把陌生人变成朋友。

任何地方都可以开启种子交流：在马路上、咖啡厅里，还有聚会上……无论在什么地方，都可以使用种子交流法则的五大步骤。

1. Check it Out 察言观色

像播种一样，先找到合适的土壤，再播种种子。与老外交朋友先要找到合适的人，再展开交谈。开口前，先开眼。

2. Break the Ice 开始破冰

就像种子是否发芽在于能否破土而出，交流的开启与否在于能否破冰。好的开头是交流成败的关键一步。

3. Go Deep 深入交流

让树苗茁壮生长，开花结果。不断尝试，直到找到对方感兴趣的话题。如果双方都很享受交流，成功在望。

4. Wrap it Up 漂亮收尾

是时候品尝丰收的果实了，让交流圆满结束。确保第一次交流不会变成最后一次。

5. Keep in Touch 保持联系

树木需要阳光和雨水，友谊则需要关怀与关注。第一次交流仅仅只是开始，接着必须跟进，巩固友谊。

运用"种子交流"法则前，对方根本不认识你。运用"种子交流"法则后，对方必将对你刮目相看。

Step 1 **Check it Out** 察言观色

想象一下：你在街上看到一个老外，朋友跟你说："过去跟他聊聊。"你会有什么感觉？

很多人会有这样的担心："不要吧，如果他不想跟我说话怎么办？""我好紧张，我该说什么？"

不要担心！这些问题其实很好解决。用眼睛去观察，我们称之为"察言观色"。

"察言观色"要看两个方面：body language（肢体语言）和find an "in"（找到一个"切入点"）。通过肢体语言就能知道他们是想要聊天，还是想要独处。"切入点"则一定要有趣，可以顺利帮你打开交流之门。

其实通过观察，就可以获得很多信息。真的是不可思议！阅读完这一章节后，你需要每天练习这个技能。用心观察周围的人，你会发现这个世界远比自己所想的要更加精彩。

Body Language　肢体语言

有些人喜欢跟陌生人交流，而有些人却讨厌跟陌生人交流；有些人有时间跟你沟通，而有些人却忙到没工夫聊天，甚至不喜欢被别人打扰。

这其中的区别应该如何分辨呢？那就要对他们的肢体语言进行观察。

肢体语言是非常有趣的。透过它们，你可以了解到很多关于对方的信息，比如他的性格、情绪，有时候甚至可以知道他是否喜欢你。

肢体语言也是很复杂的，不过我们把它简单化。我们将在本章探讨两种类型的肢体语言：开放式和封闭式。

开放式的肢体语言是一个好现象，表示对方是愿意跟你聊天的，他们往往很自信、快乐，对世界敞开胸怀。他们对于别人的搭讪，一般都会积极回应。

封闭式的肢体语言恰好相反，表示对方不想跟人聊天，他们可能不开心，或者很忙，甚至脾气不好。如果你跟他们讲话，一般结果不会太好。

那么，开放式的肢体语言是什么样的呢？请记住这四个字母：O-P-E-N。即：

Open Arms	手臂张开
Posture Straight	肢体挺直
Eyes Up	眼睛向前看
Nice Smile	面带笑容

Open Arms

手臂张开表示自信和友好。如果你的手臂是张开的，这说明你并不害怕周围的环境。你已经做好了和别人挥手打招呼、握手，甚至拥抱的准备！

手臂交叉就像一堵墙，它好像在说："我不想跟你说话，我想自己待着。别来烦我！"

By the way，虽然双手放在口袋里，并不代表"封闭"，但这个姿势看起来不够自信。

Posture Straight

肢体挺直也是自信和好心情的表现。当你心情不错时，你的肢体自然就会挺直。

肢体弯曲是不自信、心情差的表现，说明这个人正在担心，或心里想着某件事。姿态弯曲起来也像一堵墙，它在说："不要过来！"

Eyes Up

"眼睛是心灵的窗户。"如果你的眼睛向前看的话，这说明你心门为世界敞开！这样就更容易与其他人进行眼神交流。

如果一个人的眼睛是闭着的或朝下看的，这说明他们交流的大门已经关上，他们不想去看周围的人，也不想和其他人交流。不要去打扰他们！

Nice Smile

微笑是最好的打招呼方式。当有人对你微笑的时候，那么你就知道他们欢迎你。只要向他们笑一笑，并说声"Hi"就可以了。

如果这个人的脸上没有笑容的话，也不要担心，就算是快乐的人也不会时时刻刻面带微笑。如果他们看起来忧心忡忡的话，或许你可以过去帮他们一把。

即便他们的肢体语言没有 O-P-E-N，你仍然可以尝试着跟他们交流，或许他们会喜欢跟你聊天。但是需要记住：交流的最佳对象是肢体语言符合 O-P-E-N 的人！

除了肢体语言之外，还要察看这个人此刻正在做什么。如果他正在忙，或正在聚精会神地关注某件事，那么他们可能就不想聊天。

他正在用电脑工作，说明他正忙着，找下一个！他走路走得很快，说明他有事情要处理，就不要去碰壁了！他现在正戴着耳机，那就别去打扰他了！

当我教学生这个技巧的时候，有的学生就会说："这也太明显了吧！当然不要去找戴着耳机的人聊啊。"

的确，这是常识。不过有很多人都忘了这个常识。只要他们一看到老外，就会变得很兴奋，然后忘记所有学过的东西。我知道这种现象真实存在，因为它一直发生在我身上。

有一天，我在机场，心情不是很好。因为航班起飞之前我还有很多事情要做，所以感觉压力山大。于是我拼命工作！当时我坐在椅子上，抱着电脑，戴着耳机，眉头紧锁，飞快地敲打键盘。

突然，我听到一个声音："朋友，你好！你来自哪里啊？"

"不会吧！"我心里在想，"我现在没时间聊天。"我看着他并告诉自己，"Josh，你要有礼貌。"我暗自提醒自己，"他只是好奇而已。"于是我努力朝他微笑。

"你好，美国的。不好意思，我现在有点忙，没时间聊天。"我回答道。

他笑了笑，说道："没问题。"我如释重负。万万没有想到的是，他居然坐到我的旁边，然后开始盯着我的电脑看。他居然想看我工作！这种行为太干扰我的工作了，我变得有些生气了。

"你觉得这样看别人的电脑礼貌吗？"我有些生气地问道。

他笑得更灿烂了，回答道："在我的老家，我们比较随意。"说完后，他还没有走，还一直看着我。

"非常可惜这不是你的老家。"我回复道。他笑了笑，没有说话，然后起身走开了。

现在想想觉得自己当时不是很礼貌，但我该怎么做呢？我那时忙得不可开交，根本没有时间教他要如何"察言观色"。

Find an "In" 找到一个切入点

切入点是"进入"交流的一种方式。它可以是一个有趣的问题或者话题，可以让你展开交流。这个切入点可以是任何谈资。不过，你必须找到一个能引起他人兴趣的切入点，否则他们就没有兴趣跟你交谈。

我们为你总结了三种超级有效接触老外的切入点，可以帮助你更好地与他们展开交流，我们称之为 3C 法则：Care（关心），Compliment（赞美），Comment（评论）。

关心他人是最容易的切入点，因为大家一般都不会拒绝别人的关心。

察言观色时，观察这个人是否需要帮助：他是不是在看地图？他是不是点餐遇到了困难？他是不是看起来迷路了？

当你看到他们需要帮助时，你就有了一个切入点。但不要就此停住！一旦开始交流，就可能需要找到更多的话题让交流继续下去。记住一定要先察言观色，再打招呼。

赞美是一个很好的切入方式，因为它会让被赞美的人感觉很爽。当人们感觉好的时候，他们会聊得更多。

赞美一定要具体。赞美越具体，就越有杀伤力。"察言观色"的时候，选择具体的可以赞美的点。

他有没有穿戴什么有趣的／漂亮的／手工制作的东西？他有没有携带什么有趣的乐器？他的中文是不是说得很好，或者在讲一门有趣的语言？

2015年10月，我在美国给《男人来自火星，女人来自金星》的作者约翰·格雷博士做了四天的翻译。翻译结束之后恰好还有几天的空当，我决定去斯坦福大学看看。从我住的宾馆到那里需要坐一个小时的火车。

在等火车的时候，看见一个帅哥拿着一个超大的滑板。他面带微笑，我就走上去开口："嗨，好大的滑板啊！你是专业的玩家吗？"（Hey, what a huge skateboard! Are you a pro?）我们从火车站台聊到火车车厢里，直到道别。一个小时的车程，不知不觉就过去了。在道别之前，我特意采访了一下他："你觉得我今天的破冰如何？"他的回答是："做得很好！你注意到我带的滑板并给予了赞美。这个开场很好！"（Great job! You noticed my skateboard and you paid a nice compliment. It was a good opener！）

评论是最难的切入点。不是要评论别人，而是要评论周围环境。

在这两种情况下可以使用评论切入法。第一，找不到任何展示"关心"或"赞美"的机会；

第二，身边正发生一件十分有趣的事情。

"察言观色"时，可以找找周围有意思的事：天气是不是很热／很冷／很好？公交车是不是很堵／很空？周围是不是有什么有趣的事发生了？

总　结

开口前，先开眼！

察言观色时，寻找肢体语言符合 O-P-E-N 的人，判别他们是否在忙，再找到一个合理的切入点。

Step 2　Break the Ice　开始破冰

在地铁站看到一个老外，你开始察言观色：他站得笔直，眼看前方，手放两侧，面带微笑。他的肢体语言是 O-P-E-N 的！他正在看地铁地图，你也有了"切入点"。你可以向他提供帮助。

完美！终于到了这一刻，是展开对话的时候了，是该与对方破冰了。

告诉你一个秘密——破冰在你开口之前就开始了。在你说"你好"之前，你的眼神和微笑，就会和对方产生链接，留下好的印象。然后，你就可以用一个开场白来破冰了。

Before You Speak 开口之前

你知不知道在你开口之前，你的第一印象就已经产生了？科学家发现人们产生第一印象的时间仅用 0.1 秒。这是因为第一印象不是来自你的言语，而是源于你的肢体语言。

交流在对话之前就开始了。在你开口说话之前，你的眼睛就已经说 "Hello" 了。一个眼神、一个灿烂的微笑就足以破冰了。

所以一定要记得使用 O-P-E-N 式的肢体语言，让自己看起来自信十足。即便你不自信，你的肢体语言也可以让你看起来很自信，这就够了！常言道：演久成真！

A confident person is attractive!
自信的人魅力无限！
A confident person is easy to talk to!
自信的人容易交流！
A confident person makes more friends!
自信的人朋友更多！

如果在你开口之前能先用眼神沟通和微笑交流，破冰就更容易了。

A good smile can solve a million problems!
一个灿烂的微笑能解决无数的问题！

你相信一见钟情吗？你可能相信，或者不相信。但这不是重点。重点是 "一见钟情" 这个成语。它不是一言钟情，也不是一事钟情，而是一见钟情！

第一眼会留下深刻的印象。充分利用它。保持微笑会让别人对你有好感，即便他们也不知道为什么。

Starting the Conversation 展开对话

眼神沟通和微笑之后，你依然需要说些什么来展开对话。不用担心，你已经找到了切入点。你要做的就是把切入点变成开场白。

开场白是你和对方开口说的第一句话。你的开场白来自切入点，这点很重要。切入点也就是你和对方交流的原因。如果他们不知道你过来交流的原因，他们可能怀疑你的动机，或觉得不自在。

很多学生都喜欢用"Nice to meet you!"这句话来开头。通常情况下，这样的开场不是很好，因为对方不能从这句话中知道你为什么要过来搭话。当你对别人说这句话的时候，对方会想：What does this person want（这个人想干什么）？Are they trying to sell me something（他是推销的吗）？Are they trying to use me for English practice（他是来找我练英语的吗）？

Be polite! Talking to a stranger might make you nervous, but it might also make the stranger uncomfortable.
保持礼貌！虽然和陌生人交流可能会让你紧张，但同样也会让对方不舒服。

一定要表现出对他们的尊重，而不是去冒犯他们。可以使用如下礼貌用语来开启。

Excuse me!   打扰一下！

Sorry to bother you, but…   抱歉打扰了，只是……

下面，我们将通过例子一一详细解说如何用 3C 法则来开启对话。

The Three Cs: Care, Compliment, Comment
3C 法则：关心，赞美，评论

Care 关心

当你"关心"别人的时候，要大方得体。大多数的时候，对方会因为你的帮助而感到高兴。相信自己的感觉，用自己舒服的方式去破冰。

Care 关心	
"In" 切入点	Opener 开场白
他正在看地铁地图。	**Excuse me!** **Can I help you find your stop?** 不好意思！ 需要我帮你找你要去的站吗？
他们尝试点餐，但服务员不会说英语。	**Excuse me!** **Could I help you order something?** 不好意思！ 需要我帮你们点餐吗？
她站在街上，看上去迷路了。	**Excuse me!** **Could I help you find something?** 打扰一下， 需要我帮忙指路吗？

扫码听录音

Care 关心	
"In" 切入点	Opener 开场白
他在派对上，你刚好想要去拿饮料。	**I'm going to get another drink. Do you want anything?** 我要再去拿一杯喝的，需要我帮你带点什么吗？
他们在和别人交流，但存在语言障碍。	**Hi! Could I help you translate?** 你好，需要我帮忙翻译吗？
她手上拿了很多东西。	**Excuse me, could I help you with that?** 不好意思，需要我帮忙吗？

Compliment 赞美

有一种简单有效的赞美方法，我们称之为 NCA: Notice（观察），Compliment（赞美），Ask（提问）。

首先，观察可以赞美的点，也就是切入点。其次，赞美它，用一句话表达自己的感受。最后，提一个相关的问题，这样就可以打开话匣子。

当你问一个陌生人问题的时候，你可以用一些礼貌性的用词：

May I ask...	方便问一下……
Could I ask...	能问一下……
Would you mind if I ask...	您介意我问一下……

NCA 法则		
"In" (Notice) 切入点（观察）	Opener (Compliment) 开场白（赞美）	Ask 提问
他穿了一双金色的鞋子。	**Wow, I really like your shoes!** 哇，我太喜欢你的鞋了！	**Where did you get them?** 你从哪儿买的？
她穿了一件很漂亮的晚礼服。	**I just love that dress!** 我太爱这条裙子了！	**Did you buy it in China?** 你是在中国买的吗？
她的头发又长又卷。	**Sorry to bother you, but I really like your hair!** 不好意思打扰了，只是我太喜欢你的发型了！	**Do you do it yourself?** 你是自己做的吗？
他正在看一本你了解的书。	**Oh! Excuse me. That's a really great book!** 哦！打扰一下，这本书很赞！	**May I ask, what do you think of it?** 方便问一下：你觉得它怎么样？
她说了一些中文。	**Excuse me, I just heard you speaking Chinese. It's pretty good!** 不好意思，我刚才听到你在说中文，你的中文讲得很好！	**Could I ask, how long have you been in China?** 能问一下，你来中国多久了吗？
他在用很酷的相机拍照。	**That's a cool camera.** 这个相机好酷啊。	**Are you a professional?** 你是专业摄影师吗？

扫码听录音

Comment 评论

　　评论时，你一定要先用眼神沟通，这点很重要。否则，他们可能不知道你在跟他们说话。

　　用自然、舒服的方式引出切入点，他们可能会回应你，也可能不会。当他们跟你进行了眼神沟通，向你点头、微笑，却不回复的时候，或许你可以试着问个问题。

你甚至可以把自己的需求作为一个切入点——先说说自己想要做什么，然后再请求帮助。

Comment 评论	
"In" 切入点	Opener 开场白
今天天气很好。	**Man, the weather is really great today!** **Do you work around here?** 哇，今天天气真的很好！ 你在附近工作吗？
地铁很挤 / 空。	**Man, it's so crowded/empty today.** **Do you take this route often?** 我晕，今天怎么这么挤 / 空。 你经常坐这条线吗？
他们在酒吧看电视体育比赛。	**This is a good game.** **Who are you rooting for?** 比赛好精彩。你支持哪个队？
他们在葡萄酒店。	**There are so many choices!** **Excuse me, do you know about wine?** **Do you have any recommendations?** 这里的品种太多了！ 打扰一下，你懂葡萄酒吗？ 你有什么推荐吗？
附近正发生一件有趣的事情。	**Wow, did you see that? What is he doing?** 哇，你看到了吗？他到底在干吗？
他们在酒吧。	**This place is pretty neat.** **I've never been here before. Have you?** 这酒吧很不错。我以前从来都没来过，你呢？

Direct Introduction 直接介绍

有的时候，你不需要使用 3C 法则，比如你们参加同一个活动，或在同一家公司工作，就不需要找切入点来破冰，直接做自我介绍就可以了。关于这点，第五章将会有更多阐述。

Direct Introduction 直接介绍	
"In" 切入点	Opener 开场白
同事之间	**Hi! We haven't met before. I'm Sam.** **Have you worked here for a long time?** 你好！我们之前没见过面吧，我叫Sam。 你在这里工作已经很长时间了吗？
活动现场	**Hi! I'm Alice.** **What do you think of the event?** 你好！我叫Alice。 你觉得这次活动怎么样？
大学餐厅	**Excuse me, is this seat taken?** **I'm Tom. Nice to meet you.** **May I ask, what are you studying?** 打扰一下，这里有人坐吗？ 我叫Tom，很高兴认识你。 方便问一下，你学什么专业的？
聚会上	**Hi! I'm Eva.** **So, how do you know the host?** 你好！我是Eva。 你是怎么认识这里的主人的？
专业型社交派对上	**Hi! Nice to meet you. I'm Michael.** **So, what do you do?** 你好！很高兴认识你，我叫Michael。 你是做什么的？

扫码听录音

即便开场白只是自己的名字，也要准备一个问题来开展交流。

这就是破冰的全部。找到切入点之后，把它变成开场白。先深深呼一口气，露出灿烂的笑容，然后自信地走上前开始破冰。

Rejected! 破冰失败！

即便你很擅长交流，也不可能保证每次都能成功破冰。无论你做得有多么好，也必须要有对方的配合，否则无法开展交流！当然不是每次都会失败，但每次破冰都会有失败的可能。或许是因为他们那天本来就过得不顺，或许是因为他们在担心其他事情，也或许是因为他们就是不喜欢和陌生人交流。

当这种情况发生时，你不必气馁！做好下面两点就可以了。

Reflect 反思

想想自己是怎么做的。你有面带微笑，有眼神交流吗？有保持自信和礼貌吗？他们对你的切入点感兴趣吗？你的切入点是否让他们觉得不舒服？

想想当时的具体情景，给自己提几点下次能做得更好的建议。如果对方拒绝你了，这是学习成长的好机会。

Success doesn't come from failure alone – it comes from reflection!

失败不是成功之母，反思才是！

我依然记得 2003 年在南京搭讪老外却颗粒无收的经历。南京很多地方留下了我"追"老外的身影：鼓楼英语角、夫子庙、南京大学留学生宿舍门口、无数的街头、外文书店……十几年之后，我依然记得当年搭讪老外的套路：

Excuse me, you got a minute?

Where are you from?

What do you do?

Do you like China?

…

有一天，我在中山陵景区门口"逮"老外，等了近两个小时也没有等到一个。我正准备换一个地方的时候，突然发现一个女老外从景区门口走出来。我就像狼看到羊似的，立刻冲过去，并大声说"Hello"。

让我万万没有想到的是，她看到我跑过去竟然拔腿就跑。

当初我只有一个想法："我等这么久了，绝对不能让你跑了。"我立刻追上去。

当我追上她的时候，她做了一个动作把我吓了一大跳。她突然掏出自己钱包并说："This is all I got（这是我的全部家当）！"

我意识到她误解了我的意思，便马上说："No! No! I don't want your money（不！不！我不要你的钱）！"

她很迷茫地问我："Then what DO you want（你到底想

干吗）？"

　　我的回答让她彻底崩溃了："I just want to practice English with you（我就想跟你练练英语）！"结果她狠狠地教育了我一顿。

　　不过从那天之后，我再也不敢去"追"老外了。

Do it again　再来一次

　　不要让拒绝停止交流的脚步！虽然被拒绝很痛苦，但你必须继续前进。可以用"This time I... Next time, I will..."这个句型总结经验。

This time I forgot to smile. Next time, I will remember to smile and make eye contact.

这次我忘记了微笑。下一次，我会记得微笑，并且进行眼神交流。

This time he did not reply to my first sentence. Next time, I will try to find a better "in".

这次，他没有回应我的开场白。下一次，我会努力找到更好的切入点。

This time I forgot to ask a question after the compliment. Next time, I will think of a question before I speak up.

这次，我忘了在赞美后提一个问题。下一次，我会在开口前想好一个问句。

　　接下来，确保会有下一次。马上开始寻找下一个机会！不要拖延！

The more mistakes you make, the more friends you make!

你犯的错误越多，交到的朋友也就越多！

We never see rejection as failure, but as a learning experience!

我们从来不把拒绝当作失败，而是通往成功的一个阶梯！

We never see rejection as failure, but as a step on the path to success!

我们从来不把拒绝当作失败，而是一次学习的经历！

We never see rejection as failure, but as the feedback I need to make myself better!

我们从来不把拒绝当作失败，而是让我变得更好的反馈！

总　结

开口之前，第一印象已形成。确保你的肢体语言是 O-P-E-N 的，不要忘记面带微笑哦。

开始破冰时，使用恰当的开场白。我们有三种好的开场白方式：关心对方，赞美对方，或者点评所处的环境。

并不是每个人都愿意和陌生人交流，但如果你的肢体语言是 O-P-E-N 的，你的开场白也是得体的，你成功的机会就会很大。

Question #1: I always forget other people's names. What can I do?
我经常会忘记别人的名字，该怎么办？

记住对方的姓名很重要。这样做会让他们觉得自己被重视 。以下三个简单技巧能帮你记住对方的名字。

1. 对方自我介绍完之后，你马上在心里至少默念三遍。

通常情况下，别人在说话的时候，你应该认真听。不过，专门抽出一点时间来记对方的名字也是可以的，这是礼貌的行为。

2. 多说几遍他们的名字。

比如，第一次见面时：

Josh: I'm Josh.	我叫 Josh。
Daniel: Hi, Josh. I'm Daniel.	你好，Josh！我是 Daniel。
Josh: Nice to meet you, Daniel.	Daniel，很高兴认识你。

又比如，和对方说再见时：

Josh: I'll see you later, Daniel.	Daniel，我们待会儿见。
Daniel: See you then, Josh.	Josh，待会儿见。

实际上，即便不用重复他们的名字你也能记住的话，你也应该多提到他们的名字，因为当你提到对方的名字时，会让他们觉得你在关注他们。

3. 当然，如果忘了，你可以再问一遍。

不要害怕，他们不会因为你忘了他们的名字而生气，相反他们会因为你在意而感到高兴。

再问对方名字时，可使用如下句子：

I'm so sorry, what was your name again?
不好意思，请再说一遍你的名字是？
I know you told me your name, but I forgot.
我知道你告诉过我你的名字，但我忘了。
Sorry, could you tell me your name one more time?
不好意思，你能再说一遍你的名字吗？

扫码听录音

我还记得上大学时我最喜爱的一位教授，他年纪偏大，很和善，很受学生的喜欢。有一天，他跟我们说起他最喜爱的一位教授。他很佩服那位教授，因为他对所有的学生都非常关心。

"你怎么知道他很关心学生呢？"一位同学问道。

"因为他能记住所有学生的名字！甚至30年之后我去拜访他的时候，他依然记得我的名字，实在太不可思议了。"

如果你记得对方的名字，他们会觉得你在关心他们。这种感觉是非常强烈的！当然，我说的那位教授也一定不会忘了我的名字。为什么我这么肯定呢？

因为我们在Facebook成了好友。

Question #2: How can I join a conversation among a group of people?

如何加入一群人的聊天队伍中去？

跟和一个人交流一样，也要先"察言观色"。他们的肢体语言是 O-P-E-N 的吗？或者他们正在聊很重要的事情，外人免入呢？这些都可以从他们的肢体语言中找到答案。

当你准备破冰时，第一步都一样：以笑当先!

不过，接下来直接走过去就开始插话，可能会打断他们的交流。首先，先确定他们在聊什么。你可以站得近一点，多倾听一会儿。

当你知道了他们聊天的内容后，可以通过以下方法"融入"他们。

1. 通过问一个问题或表达自己的见解来加入。

你对他们的话题感兴趣吗？如果是，或许你对他们的聊天内容有一些自己的见解或疑问。等一个人停止讲话而另一人还没开口时，通过一句礼貌用语来加入到他们的对话当中去。

扫码听录音

Sorry, I heard you were talking about Chinese. I agree that the pronunciation is hard, but the grammar is actually pretty easy…
不好意思，我刚刚听到你们在谈论中文，我同意发音确实很难，但语法其实很简单……

Excuse me! I couldn't help but overhear. If you're interested in Sichuan food, there is a great restaurant at…
打扰一下！我不小心听到你们的谈话。如果你们喜欢四川菜，在……有一家很棒的川菜馆。

I'm sorry, I don't mean to butt in, but I'm very curious: when you were in Korea, did you feel that it was very different from China?

不好意思，我不是故意插嘴，只是很好奇：当你在韩国的时候，你会不会觉得它和中国很不一样呢？

你开口说话之后，他们可能让你加入到对话当中，也有可能不会。如果他们回答了你的问题，然后就忽视你，也不要惊讶。不同文化对"加入"的感觉是不同的，即使他们没有一直跟你讲话，也不要担心。

2. 以倾听者身份加入。

如果你不知道他们聊的主题，但又想倾听，那就先做一名旁听者。或许接下来有你可以加入的机会。

你也可以什么都不说，只站在一旁倾听他们的交流。如果他们注意到你在旁听，他们可能会欢迎你的加入。

如果你想说点什么，那么有几个选择。实际上，你要说什么并不重要，但一定要保持礼貌和自信。

Do you mind if I join you guys?	请问介意我加入你们吗？
Could I join you?	我可以加入吗？
Mind if I join you?	介意我加入吗？

在社交活动上，当你加入时，有时候他们会停下来。这是因为他们在等你做自我介绍，此时可以直接说："Hi guys, I'm Josh ."然后和旁边的人握手。他们可能也会告诉你他们的名字，并和你一一握手。

Question #3: I tried to break the ice, but the other person didn't reply. What should I do?

我尝试去破冰，但对方没有回应，该怎么办？

如果对方不想交流，有可能他们会对你说："I'm sorry, I can't talk now."也有可能直接忽视你。又或者，他们只会用一两个词来回答你的每个问题。

如果这种情况发生，也不要担心，直接跟对方说：

Sorry to bother you! Have a nice day!

不好意思打扰你了！祝你有个愉快的一天！

然后转身离开。

Step 3 ▶ **Go Deep** 深入交流

The Listen-Respond Cycle LR 交流圈

你找到了一个符合 O-P-E-N 条件的人，跟他进行了交流。

你完成了破冰，留下了良好的第一印象。

然后呢？

记住我们的目标不仅仅是和他们交流，而是和他们交朋友。友谊是建立在共同兴趣爱好之上的。而你要做的就是找到这些兴趣爱好，并发展和它们之间的链接。

这和你的魅力无关，和你的长相无关，也和你的智商无关。

If you want to make friends with foreigners, all you have to do is find their hot spot!

与老外交朋友关键在于：找到对方的共鸣点。

如何找到对方的共鸣点呢？

方法其实很简单，使用听和回应法则就可以了。展开对话之后，你必须认真倾听他们所讲的，然后再回应他们所说的——接着继续聆听。

任何问题都可以开始一段交流。如果对方有兴趣跟你交流，他们就会回答你提出的问题，甚至可能会向你提出问题。

然而，你的首要工作是找到他们的共鸣点，共鸣点就是他们真正感兴趣的话题。如果你谈到了一个他们的共鸣点，他们可能会告诉你一些有助于深入交流的信息。然后，你可以根据这些信息继续探讨这个对方感兴趣的话题。

第一次提问，你可能会找不到他们的共鸣点。如果对方不感兴趣，他们可能就会简单地回答一两个词。没关系！第一次交流的时候，确实需要花一些时间来找找他们的共鸣点。

如下所示，破冰是完成了，但是交流的过程中还没有找到一个共鸣点，所以对话也就略感无趣。

A: Do you come to this coffee shop often?	你经常来这家咖啡馆吗？
B: Not really.	不是啊。

A: Do you like living in Beijing?	你喜欢住在北京吗？
B: Kind of.	还行吧。

A: I love your suit! Did you buy it in China?	我很喜欢你的这套西装！你在中国买的吗？
B: Yeah.	嗯。

这时，你就要多试几个话题，直到找到对方的共鸣点。如果你觉得他们没意愿跟你交流，那也没关系。问了几个问题后，跟他们说再见，然后离开。

如果你幸运地提到了一个对方喜欢的问题，那么接下来就要开始倾听了。

Hot Spots 共鸣点

很多人害怕在聊天时不知道该说些什么，他们的心声通常是：我担心待会儿自己不知道该说些什么。我没有什么有趣的话题可以聊。我会紧张，然后我就忘记要说什么了！

你有没有发现这些话的共同之处？它们的关注点都是"我"！而这就是问题所在。不用担心你要说什么，毕竟我们有两只耳朵，却只有一张嘴！只要张开耳朵，认真听对方说话就够了。随后，你的"台词"自然就会出现。

如果他们用一整句话回答你的问题，如果他们面带微笑，如果他们开始手舞足蹈地聊起来，

如果他们说话的语气变得兴奋起来，那么恭喜你，你找到了他们的共鸣点！请看如下例子。

A: So, how long have you lived in Beijing?	那么，你在北京住了多久了？	
B: One year.	一年。（还没找到。）	扫码听录音
A: Do you like living in Beijing?	你喜欢住在北京吗？	
B: Kind of.	还行吧。（还是没有找到，继续问。）	
A: What city do you like the most?	你最喜欢哪个城市？	
B: Dali! I love the scenery. I love being around nature.	大理！我超爱那里的风景，喜欢融入大自然的感觉。（搞定！这就是共鸣点！）	

　　这个老外有几个感兴趣的话题：大理、自然、风景。此人应该很喜欢旅游，可以进一步探讨的话题很多。

　　再看下一个例子。

A: Wow, this is such a long line. Do you come here often?	哇，这条队伍可真长。你经常来这里吗？	
B: Yeah.	是的。（不行，没反应。）	扫码听录音
A: Do you work around here?	你在这附近工作吗？	
B: Yeah.	是的。（还是没反应。再问一两个问题吧，还是不行的话，就算了。）	

A: May I ask, what do you do?	方便问一下你的工作是什么吗？
B: Marketing, for luxury cars.	市场营销，关于奢侈牌子的汽车的。（感觉有戏。）
A: Sounds interesting! Do you enjoy it?	听起来很有意思！你喜欢这份工作吗？
B: Yeah, I do. It's a very exciting field...	是的。这是一个很有活力的行业……（搞定！）

这个人的共鸣点就是他的工作。汽车、市场营销之类的——你知道该聊什么话题了吧！

找到一个共鸣点之前，先注意听他们说话的语调，然后就能知道对方想要聊的话题了。

现在，你可以回应了。

Respond: The Three Weapons
回应的三大利器

找到共鸣点之后，你就可以深入展开交流了。

你是和他们交流三分钟，还是三十分钟，还是三个小时，在于你回应对方的能力。你越懂得回应对方，他们就讲得越多；你越懂得回应对方，他们就讲得越深。随着交流的深入，你会发现他们更多的共鸣点。

接下来和大家分享我们总结出来的三大超级实用的回应武器：提问、填补词和分享。

Questions 提问

提问是让你们之间的交流不断深入的关键，而且也有助于你把控交流的方向。通过问句来打开新的话题和寻找共鸣点。

问句有两种：封闭式问句和开放式问句。

封闭式问句的目的在于获得对方明确的答复，它的回答一般很简短，然而发挥的作用却很大。因为封闭式问句容易回答，所以这种方式特别适合尝试新话题或了解一些基本信息。

封闭式问句可以是问"谁""是什么""什么时候""在哪里""哪个""多久""怎么样"等问题。

A: We went to a new American restaurant yesterday.	我们昨天去了一家新开的美式餐厅。	
B: How was it?	怎么样？	扫码听录音
A: It was pretty good. I love to eat!	非常不错。我是个吃货！	
B: What is your favorite kind of food?	你最喜欢吃什么？	
A: Italian food.	意大利菜。	

A: I have travelled all over China.	我游遍了整个中国。
B: Which part of China is your favorite?	你最喜欢中国的哪一个部分？
A: The mountains. I love Guizhou.	山。我喜欢贵州。

封闭式问句也可以是让对方回答"是"或"不是"的问题，

如"你有没有……"或"你……吗"。

A: I love to eat!	我是个吃货！
B: Do you like the food in Beijing?	你喜欢北京的美食吗？
A: Not really. I still like western food more.	还好吧，我更喜欢西方的美食。

A: I want to move to Europe.	我想搬去欧洲住。
B: Have you been there before?	你之前有没有去过那里？
A: Yes. I went there last summer.	有的，去年夏天。

A: I have been in China for five years.	我已经在中国待了五年了。
B: Have you been to many places in China?	你有没有去过中国的很多地方？
A: No. I don't really like to travel.	没有，我不是很喜欢旅游。

　　封闭式问句对于找到共鸣点很有效。找到一个共鸣点之后，你就可以通过开放式问句进行更深入的交流。开放式问句会引发对方思考，让对方提供更多的信息。它的回答往往不简短，通常跟个人信息无关，而是关于想法和感受的。

　　开放式问句一般会用"怎么"或"为什么"来开启，有时候也会用"什么"，比如"你对……有什么样的看法？"

A: I spent last summer in Europe. 我去年整个夏天都在欧洲。

B: What do you think about Europe? 你对欧洲有什么样的看法?

A: It's amazing! So much history and culture... 简直太美了! 有好多的历史积淀和文化……

A: I have studied Chinese for two years. 我学中文已经两年了。

B: How did you study? 你是怎么学的?

A: Well, I have a private teacher, and... 啊, 我有一个私人老师, 还有……

A: I moved to China three years ago. 三年前我搬到中国。

B: If you don't mind, may I ask why you moved here? 如果不介意的话, 方便问一下你为什么会搬来这里呢?

A: The economy, mostly. There are lots of opportunities here... 主要是因为经济。这里有很多机遇……

A: I work in marketing. 我是做市场营销的。

B: That's an interesting job. How do you feel about it? 这份工作很有趣。你觉得怎么样?

A: It is interesting. I love being creative... 确实有趣, 我喜欢有创意的……

封闭式问句和开放式问句是相辅相成的。封闭式问句可以快速地测试一个话题，以此来寻找共鸣点。找到了之后，用开放式问句来问对方的想法和感受，他们可能一讲就一发不可收拾了。

Fillers 填补词

填补词是让交流不断深入的最简单方式，也是交流中的润滑剂。填补词只是简单的回应，表示你在倾听，而且也会让对方继续说下去。即便你对这个话题一无所知，也可以用填补词让对话继续下去。

填补词有三种：表示兴趣，表达感受和重复对方所说的。

Show Interest 表示兴趣

一个简单的词就足以表达你的兴趣了。事实上，有些填补词根本就不算词，只是一些声音词汇，但它们可以表示你正在倾听。比如——

M-hm.	嗯。
Uh huh.	啊哈。
Uh-oh!	不会吧！
Ah.	哦。
I see.	我知道了。
Really?	真的吗？
Yeah?	是吗？
Then what happened?	然后呢？

I bet.	我确信。
Wow!	哇！
Cool.	酷。
That's great!	太棒了！

再来看看如何在对话中使用它们。

A: I went shopping for some shoes yesterday. I went to lots of stores, but I couldn't find what I was looking for.	我昨天去购物，想买几双鞋，走了好几家店都没找到想要的。
B: M-hm.	嗯。
A: So I decided to look online. You can buy almost anything online these days.	所以最后我决定到网上看看，现在网上几乎可以买到所有东西。
B: Uh-huh.	啊哈。
A: So I was on Taobao and I saw a great pair of shoes, and they were so cheap! Much cheaper than in the store.	后来我在淘宝上看到一双很漂亮的鞋子，而且还很便宜！比店里的便宜多了。
B: Yeah?	是吗？
A: Yeah. So I ordered them. They should get here soon.	是啊，所以我就下单了，应该很快就到了。
B: Cool.	真不错。

扫码听录音

Show Your Feeling 表达感受

人们在分享自己的喜怒哀乐时，希望对方能感同身受。有时恰当地运用填补词就能产生这种效果。

Tone of voice is important for showing feelings. Don't just use your words – let the other person hear and see your feelings!
语调对于情感的传达很重要。不要单靠词语，要让对方听到并看到你内心的感受。

简简单单的几个词，就可以表达自己的感受。

That's unbelievable!	太不可思议了！
That's awful!	太糟糕了！
That's amazing!	太赞了！
That's really cool!	太酷了！
That's great!	太棒了！
That's exciting!	太令人激动了！
I'm sorry to hear that!	听到这个消息，我表示很遗憾！

有时，一个词就足以。

Wow!	哇！
Really?!	真的吗？！
Amazing!	不可思议！
Uh-oh!	不会吧！

当你能做到感同身受时，他们就会跟你聊得更起劲。

A: So what do you do? 　那么，你是做什么的？

B: I'm a painter. 　我是一个画家。

A: That's really cool! 　太酷了！

B: Thanks! Some of my paintings are in the museum right now. 　谢谢！我的一些作品正在艺术馆展示。

A: Really?! 　真的吗？！

B: Yeah. They will be there for a month. 　是的，它们会展览一个月。

A: That's amazing! Congratulations! 　太不可思议了！恭喜恭喜！

A: I have to go back to the States next week. My dog died. 　我下周必须要回美国，我的狗去世了。

B: That's awful! 　太糟糕了！

A: Well, he was pretty old, anyway. My family is pretty sad, so I'll go back to be with them. 　唉，毕竟他也老了。家人都很伤心，所以我要回去陪陪他们。

B: I'm so sorry to hear that! 　真遗憾！

A: I got fired last week. 　我上周被解雇了。

B: Uh-oh! 　不会吧！

A: It's not a big deal. I wanted to quit anyway, because I got a great new job offer!	没什么大不了的，反正我也打算辞职的，因为我得到了一个超棒的工作机会！
B: That's exciting!	太令人激动了！

Repeat What the Other Person Said 重复对方说过的话

如果对方说了一些不可思议的信息，你可以马上重复他的话。这样既表现出了强烈的兴趣，也会让对方觉得你善于聆听。

A: He won 20 million dollars.	他赢了两千万美元。
B: 20 million!	两千万！
A: Amazing, right?	太不可思议了，是吧？

A: I'm going to the UK next week.	我下周要去英国。
B: The UK!	英国！
A: Yeah! I'm very excited.	是的！我好激动。

A: I got a new dog yesterday.	我昨天买了一只新的狗狗。
B: A new dog!	一只新的狗狗！
A: Yep! She's super cute.	是的！她超级可爱。

填补词就是要鼓励对方继续讲下去，既不会引出新的个人信息，也不会改变交流的方向，它们只表示"我对你说的很感兴

趣,继续讲"。

它们看起来简单,却发挥了很重要的作用。如果对方知道你在倾听,他们就会明白你是**在意的**,而这个时候友谊就诞生了。

依然记得第一次去美国参加 John Gray 博士的课程,我先飞到旧金山,然后坐老师的车去他开课的地方 Fort Bragg。从旧金山到 Fort Bragg 需要近四个小时的车程。因为聊到美国机场安检的话题,我无意间提到 9·11 事件。接下来的几个小时,我用尽了各种各样的填补词,"Uh huh." "Really?" "Oh my God!" "That's unbelievable!" ……后来才发现,他是 9·11 事件的独立调查员,曾作了大量的调查和研究。

Sharing 分享

问句是为了找到新的信息和话题,填补词是为了鼓励对方继续说。这些方法都可以让交流继续下去,却不会分享任何你的个人信息。

然而,友谊是双向互动的,真正的友谊基于彼此了解。

是时候分享你的信息和故事了。在你分享的时候,对方可能会问你一些问题,也可能会用一些填补词来让你继续分享。如果你对他们感兴趣,他们也对你有兴趣,这就是友谊之树在茁壮成长的表现。

那么,应该在什么时候尝试分享呢?两个标准规则:对方的共鸣点你也感兴趣的时候,你有一个他们感兴趣的故事的时候。

A: What do you do?	你是做什么的？
B: I'm a musician.	我是玩音乐的。
A: Really? What kind of musician?	真的吗？哪种音乐？
B: I'm a rock singer. We play in some bars around town.	我是摇滚歌手，我们会在市区的一些酒吧演出。
A: I'm a musician, too. I play classical violin.	我也是玩音乐的，拉古典小提琴。
B: Cool! Do you still perform?	酷！你还在演奏吗？
A: Sometimes…	有时候会……

A: May I ask, where are you from?	方便问一下，你来自哪里的？
B: England.	英国。
A: Really? Which part?	真的吗？哪个地方？
B: London.	伦敦。
A: I've been to London before. It's a very beautiful city.	我去过伦敦，是个风景如画的城市。
B: When were you there?	你什么时候去的？
A: Let me see. I went there...	让我想想。我去伦敦是……

A: So, what do you do?	那么，你是做什么的？
B: I'm still a student.	我还在读书。
A: Cool. What's your major?	挺好的，学的什么专业？

B: I'm studying history.	学历史的。
A: Do you like it?	喜欢这个专业吗?
B: Yeah, I guess.	应该,还行吧。
A: What a small world! I majored in history, too.	这么巧!我大学学的专业也是历史。
B: Really? How did you like it?	真的吗?你觉得历史专业如何?
A: It's a long story. But to make a long story short...	说起来就话长了。不过长话短说……

　　一旦开启分享模式,交流就会变得更加有趣,也会把交流的深度推到一个新的高度。

　　分享往往来自你的生活经历和总结。你的生活越多姿多彩,你越会总结和整理自己的经历,分享的内容就越有趣,越有深度。

　　每个人都有各自不同的性格,所以每次交流也都是截然不同的,而这也是交流的乐趣所在!

　　有些人就是喜欢聊天,天生就能说会道。如果你用了填补词和跟进问句,他们就会滔滔不绝。还有些人喜欢聆听,就像海绵吸水一样,吸收别人的故事,你讲述的时候他们会很乐意倾听,然后会提一些问题,或者用一些填补词让你继续分享。大部分人介于两者之间,喜欢讲故事,也喜欢听故事,会回答问句,但不会一直滔滔不绝。你需要运用不同的武器让对话继续下去。

　　练习使用这三大武器,同时也要保持聆听。观察肢体语言,倾听说话者的语调,找到对方最喜欢的"武器",然后让这些"武器"融入到交流当中。

Three Kinds of Communicators
三种交流者

每年，我都在中国被不计其数的英语学习者搭讪过。有些人和我交流不到三分钟，有些人能和我谈论三十分钟，极少数的人能和我聊到三个小时以上。我们将能和老外交流三十分钟的英语学习者分为三种类型。

The Question Machine Gun 发问机关枪

当发问机关枪开始对话时，他们只有一个目的：我要练习英语！我要找一个老外，问他所有我想知道的问题！

他们不会把对话当成交流，只关心自己想要问的问题，问完之后，就会立马消失。

他们不会察言观色，也不会找一个好的切入口，只要看到老外就上去"扫射"。最糟糕的是，他们还不会认真倾听对方的回答。

Hi! Where are you from?

How old are you?

Do you like China?

How long have you been in China?

Do you like Chinese food?

You're so tall! How tall are you?

Do you play basketball?

Do you like Kobe Bryant?

Do you...

也许你之前也这么做过。不用担心——这是通病。很多老师都是这么教学生的，他们认为只要开口说，或多或少会让英语更好，其实不然。只有真正的交流才能让你的英语变得更好，而真正的交流是双向的。

我有太多这样的经历了。

有一次我在地铁站走路，正戴着耳机听音乐，我很疲惫，只想回家睡觉。突然，从旁边传来声音："Hello!"

"不会吧……"我心想，"不要这样啊……"我当时没看他，假装没听见。

但他不屈不挠，继续问道："Hello! Where are you from?"

"开玩什么笑啊！"我暗自想。这个人是谁呀？为什么他要跟我说话？难道他没看到我不想说话吗？我继续假装没听到。这样他就会走开的……

但他依然没放弃，继续问道："Hello! Friend! Where are you from?"

我惊呆了！我当时戴着耳机，走得又快，连看都没看他，为什么，为什么，为什么他觉得我想跟他交流呢？！这个人没问题吧？

不可思议的是我居然犯了一个大错——转过了头，看着他。于是他给了我一个大大的微笑，又问："Hello! Where are you from?"

"游戏结束，"我想，"他绝对是发问机关枪。"我叹了一口气，摘下了耳机，一个接一个地回答这些无聊的问题：

"America. Texas. 1.9 meters. I don't play basketball. I like China. I'm single. Yes, I know I'm too old to be single."

他离开的时候，还向我要电话号码。你觉得我会给他吗？呵呵！

The Curious Listener 好奇的聆听者

很多人担心自己没什么有趣的事情可以讲。不可思议的是，你可以和对方交流得很愉快不是因为你说了什么，而在于你是一个很好的聆听者。我们称之为好奇的聆听者。

好奇的聆听者不仅仅问自己喜欢问的问题和准备好的问题，而且还会根据对方说的来回应。他们会围绕对方讲的话题来提问，同时也会找到他们感兴趣的话题。

被问的人也不会觉得自己被利用了，反而因别人的用心聆听而感到被尊重。这种力量太神奇了！

例如，有些人评价比尔·克林顿是位了不起的聆听者。当你在说话时，他会看着你，并且会给出回应。即便这个屋子里坐满各国元首，他也会让你觉得你是世界上独一无二的人。这绝对是聆听该有的最高境界。

好奇的聆听者可能会无法分享自己的想法和感受，但他们擅长用问句和填补词来让对方不断分享，让交流不断深入。正因如此，他们才能和对方聊自己不熟悉的话题。

A: I bought a new book today.	我今天买了本新书。
B: Really?	真的吗？（填补词）
A: Yeah, it's by my favorite author. I've been waiting for it for a long time!	是的，我最喜欢的作家写的。一直等了好久，终于买到了！
B: What is it about?	是关于什么的？（开放式问句）
A: Well, it's a sci-fi book about aliens. Aliens come to Earth, and the humans have to decide whether to fight them or accept them.	这是一本关于外星人的科幻小说。讲述外星人来到地球，人类必须要决定是把他们赶出去，还是接纳他们。
B: That sounds really interesting!	听起来好有趣！（填补词）
A: It is! The author talks a lot about society, technology, and morals. It really makes you think.	是的！这个作者讲了很多关于社会、科技、道德伦理方面的事情，确实会让你动一番脑子。
B: Are the author's other books like that, too?	这个作家的其他书也是这种类型的吗？（封闭式问句）
A: Kind of. Her first book...	有些是，她的第一本书……

扫码听录音

聆听者根本不了解这本书或作者，但他依然可以和对方进行良好的沟通。

只要懂得合理使用发问和填补词的技巧，大家都可以成为一名好奇的聆听者。

First listen, then respond!
先倾听，再回应！

The Giver-And-Taker 礼尚往来的交流者

我们的目标不仅仅是交流，更重要的是交朋友。

友谊是建立在共同的兴趣爱好之上的，它就是一条双行道。最坚固的友谊和交流就是要礼尚往来。双方都有说，有听，有分享，有关注，这才是典型的礼尚往来型的友谊。而懂得礼尚往来的人，知道如何倾听，然后再分享有趣的信息、故事、想法和感受。要想做好礼尚往来，就必须要时刻准备好分享。

当你找到一个有共同兴趣爱好的人时，认真聆听他们的故事，等到他们说完，再开始分享自己的故事。

2014年7月我在美国芝加哥旅游，住在一家青年旅舍。吃早餐的时候旁边恰好坐着一个美国大男孩。上去一聊，发现他高中刚毕业，并已经考上了芝加哥大学。

他在暑假提前过来租好房子，为新学期作准备。

原本计划20分钟的早餐，最后用了一个小时。

在旁边坐着的 Eva 事后和我分享道："我发现你和老外深入交流的秘密了。"

我问："是什么？"

Eva 答道："其实就三个字：问，听，讲。你问，他讲，你听，然后你再讲。比如，你问他芝加哥大学的大一新生选择住在宿舍多还是在外面租房的多，他讲，你就认真听，他分享完之后，你就会讲中国大一新生的住宿情况……"

回应与分享是最常用的交流方法。

首先，对他们的故事作出回应。

你是同意，还是不同意呢？

I totally agree!	我完全赞同！
I know what you mean!	我懂你的意思！
Really? I don't think so.	真的吗？我不这么认为。

你是表现出惊讶，还是诧异？

That's amazing!	太不可思议了！
Wow! That's cool.	哇！太酷了！
Whoa! Are you serious?	哇啊！你是认真的吗？

你能对他们的故事感同身受吗？你有过类似经历吗？

I'm sorry to hear that!	很遗憾听到这件事！
That sounds difficult.	这听起来很难。
Yeah, that's tough.	是的，确实挺难的。

然后，再分享自己的故事。

I have a friend who did that, too...	我有个朋友也这么做了……
Last week, I...	上周，我……
The same thing happened to me once...	我也经历过这样的事情……

请看以下对话示例。

A: Did you buy those shoes in China?	这些鞋是在中国买的吗？
B: No, I didn't. You know, clothes are expensive here.	不是的。你知道，这里的衣服很贵的。
A: Have you been to the outlets?	你去过奥特莱斯吗？
B: Yes, but they're so crowded! I can't stand it.	去过，不过那里太挤了，我受不了。
A: I know what you mean. I went there last week, and...	我懂你的意思。我上周就去过那里，而且……

A: How do you feel about living in Beijing?	在北京住的感觉怎么样？
B: It's OK. Some things can be difficult, though.	挺好的，就是有些地方有困难。

A: Really? Like what?	真的吗？比如说？
B: Taxis, for one. I tried to take a taxi yesterday, and the driver went to the wrong place!	坐出租车就是其中一个。我昨天想打一辆出租车，但司机却开到了别的地方！
A: What!? How did that happen?	什么？！怎么会这样呢？
B: I guess he couldn't understand my Chinese.	我估计他没有听懂我的中文。
A: What happened then?	然后呢？
B: I was embarrassed, so I just paid the driver and then found a new taxi.	我很尴尬，所以付了钱，又找了一辆出租车。
A: Yeah, that's tough. Actually, the same thing happened to me.	确实挺不容易的。事实上，我也有同样的经历。
B: Really? In Beijing?	真的？在北京？
A: Yeah. When I moved to Beijing, I had a strong hometown accent. Local people couldn't understand me, and...	是的。当我刚到北京的时候，乡音很重，本地人都听不懂我在说什么，然后……
A: Do you like your job?	你喜欢你的工作吗？
B: I do! It's a lot of fun.	喜欢！很有趣。

A: Really? How so?	真的吗？怎么说？
B: Well, I get to write a lot, and I love writing. And we never have to work overtime.	我要写很多文案，不过我也喜欢写东西。而且我们这里从来都不用加班。
A: No overtime? That sounds great!	不用加班？听起来不错啊！
B: Yeah! Americans work overtime all the time. But I think Chinese companies don't have a lot of overtime.	是的，美国人工作起来天天加班，但我觉得在中国公司应该不用经常加班。
A: Really? I don't think so. For example, at my company, we work overtime almost every day.	真的吗？我不这么认为。我们在公司就几乎每天加班。
B: Really?	真的吗？
A: Yeah. Last week, I bought a ticket to see a movie, but I couldn't go because...	是啊。上周，我本来买了张电影票，但结果却没看成，因为……

你可能无法对每个遇到的人都礼尚往来。如果两个人之间没有共同兴趣，那么就可能会对彼此的故事不感兴趣。

共同兴趣可以是工作、爱好、一本书、一种音乐等任何事情。有时候，所谓朋友之间的共同点，只是一种共同的经历或者感觉——无论说什么，都聊得来。

我会远离发问机关枪。如果不忙的话，我会很喜欢和好奇的聆听者聊天。当我遇到一个懂得礼尚往来的人时，我知道自己可能要交到一位新的朋友了。

Chris 就是一个懂得礼尚往来的人，现在他和我成为了朋友。

第一次搬到北京时，我根本不知道要去哪里，要做什么。后来在办公室认识了几位同事，在街上也认识了几位好奇的聆听者。寻找真正的朋友，确实得花一些工夫。有一次，我决定去参加一个关于印度音乐的活动。说实话，我对印度音乐一窍不通——只是觉得可能很有意思，也可能会认识一些朋友。活动结束后，一位客人向我走来。他面带微笑，先以自我介绍开场，然后发表了自己的评论。

Hi! My name is Chris. I see you're the only foreigner here today!
你好，我叫 Chris。我发现你是这里唯一的老外！

通常情况下，不要评论"老外"这个话题。不过当时，他问了一个很好的开放式问句。

Foreigners don't usually come to these events. How did you hear about it?
老外通常不会来参加这些活动，你是怎么知道的？

我告诉他我是在微信公众号上看到的。之所以想来，是因为我之前也学过古典音乐，有点好奇。

接着，他提出了一个封闭式问句。

Do you still play music?

你还在玩音乐吗?

No, but I like going to shows.

没有了，但是喜欢去看各种表演。

很幸运，我和 Chris 很快就找到了共鸣点。

Well, if you're free tomorrow, my friend's band is playing.

如果你明天有空，可以来看我朋友乐队的表演。

Sure! What kind of music is it?

好的! 什么类型的音乐?

于是，我们聊了各种不同的音乐。我告诉他自己在美国大学主修音乐的故事，而他则与我分享他在北京各地演出的经历。

Chris 的英语不算很好，有点口音，所以我必须认真听才能听懂。但我还是很享受和他聊天，因为他不仅分享了有趣的信息，而且还很认真地听我讲，时不时地回应。

通过提问和聆听，来表达你对对方的关注。通过分享，让他们更多地了解你。当你能找到一份礼尚往来的友谊时，一定要牢牢把握!

用倾听与回应来寻找共鸣点。一旦找到共鸣点，交流会更有趣。

倾听的时候，确保你在用心聆听。不要担心你接下来说什么，张开你的双耳，尽情聆听。

接下来，你该回应了。可以用问句、填补词和分享来保持交流的畅通。让交流变得更深入，友谊就会更坚固。

FAQ
常见问题

Question: If I can't understand what they said, what should I do? Should I pretend that I understood?

万一我没听懂他们说的话，怎么办？要不要假装听懂了？

千万别假装听懂！谎言会扼杀交流，甚至是友谊。

到今天，我学中文已经超过七年了，但还是不能做到完全理解。当你结交国外朋友时，有时候会听不懂对方在说什么。没关系，这很正常。

但当对方假装听懂的时候，我会感觉他们根本就不在乎和我交流。如果在乎的话，他们就会想办法弄明白。

当对方突然打断我，问我刚刚说了什么的时候，我很高兴！因为我知道他们在倾听，在认真思考我说的话。一有疑惑，就直接去问，让对方再讲一次。如果还是不明白，也要告诉对方。要么让他们给你解释明白，要么重新找一个话题。

通常情况下，"Sorry"这个词就足够了。当然，你也可以使用其他句子。

A: I play the euphonium.	我吹中音号。
B: Sorry?	什么？
A: Euphonium. It's like a small tuba.	中音号，有点像小型的大号。
B: Sorry again. I don't know what those are.	实在抱歉，我不知道那是什么。
A: Oh. Well, it's a big musical instrument with a very low sound.	哦，这是一种大型乐器，但声音很低沉。
B: Got it.	明白了。

A: My best friend and I are like two peas in a pod.	我和闺蜜就像豌豆夹里的两颗豆子。
B: What? I didn't quite get that.	什么？我不太明白。
A: What, "two peas in a pod?"	什么不明白，"豌豆夹里的两颗豆子"吗？

B: Yeah. What does that mean?	是的，这是什么意思？
A: Oh. It means that we get along really well. We're almost the same person.	意思就是说我们相处得很好，就像一个人一样。
B: Ah, I see.	哦，我懂了。

千万不要因害怕尴尬而不敢问。如果你觉得不舒服，对方也会感觉不舒服；如果你表现得直率又自信，他们也会愉快地跟你聊天。记住：不懂就问！

Step 4 ▶ Wrap it Up 漂亮收尾

The Four Steps of Wrap it Up 收尾的四大步骤

我们已经开启了对话，并且作了深入交流，甚至有说有笑。交流的种子已经生根发芽、茁壮成长！

不过，我们有比交流更重要的目标——收获友谊。要想把交流变成友谊，还需要一步：好的收尾。

我们可以把收尾看成通往下一次交流的桥梁，若能做好，第二次交流就会水到渠成。如果未能建成牢固的桥梁，可能永远都不会有下一次的交流了。

Leave for a Reason　离之有理

Well, I've got to go!
好吧，我要走了！

大部分人很少想过如何结束交流。聊到最后，他们可能只会说："OK，Byebye！"然后就走开了。这样做有失礼节，也让对方感觉突兀。

无论交流是因什么而结束的，都应该给对方一个离开的理由。这会让别人觉得你在意他们的时间和感受。

如果是因为没有时间了，你可以说：

Well, I should be going.
好吧，我要走了。

Well, I've gotta run.
好吧，我要赶紧离开了。

Hey, I should go, or I'll be late for...
嘿，我要走了，否则我 ……就要迟了。

在地铁或公交车上，你到站了，可以说：

OK, this is my stop.
好吧，我到站了。

Ah, I have to get off here.
哦，我在这里要下车了。

This is where I get off. / This is me.
我在这里下车 / 我到站了。

如果担心别人没有时间，你可以说：

Well, I won't bother you any more.
好吧，我就不打扰你了。

OK. I won't take up any more of your time.
好的，我就不再占用你的时间了。

Maybe I should let you get back to work / to your book.
也许我应该让你回去工作了 / 看书了。

如果是在派对上，你想要去和其他人打个招呼，或者想去拿点什么喝的或者吃的，你可以这样说：

Oh, I'm going to go say hi to...
哦，我去跟……打个招呼。

Ah, I should go talk to... He invited me here.
啊，我应该要去跟……聊一下，他邀请我来的。

I'm going to go get some more chips. Do you want anything?
我去再拿些薯片，你需要我给你带点什么吗？

如果是在职业社交活动现场，你想要认识更多的人，你可以说：

Well, I'm going to go mingle some more.

哦，我要去转转跟其他人认识一下。

Ah, I see some new people have arrived. I'll go say hi.

啊，我看到了几张新面孔，我过去打个招呼。

Ok. I'm going to go trade some more name cards.

好吧，我要去多交换一些名片。

任何理由都可以，只要确保给对方一个理由。

Give a Compliment 赞美对方

I've enjoyed talking with you!

很高兴和你聊天！

大家都喜欢赞美！当你赞美这次交流时，你也展示了对交流话题的兴趣，这样有利于巩固刚建立起来的关系。

还记得我们之前说过如何记住对方的姓名吗？当你收尾时，记得用上对方的名字。这样不仅有利于记住对方的名字，还让对方觉得自己很受重视。

赞美可以在讲出离开理由之前或之后。通常情况下，它们是一起说的。

Well, I've got to go. I've enjoyed walking with you, Josh!

好了，我必须走了。Josh，和你一起散步很开心！

OK, this is my stop. I had a good time chatting with you, Peter.

好啦，我到站了。Peter，和你聊天很开心。

It's great to meet you, Rachel! I should let you get back to your work.

Rachel，很高兴认识你！我应该让你回去工作了。

Well, Amy, it's been great talking with you! I should go say hi to Daniel.

Amy，和你聊天的感觉真好！我该去跟 Daniel 打声招呼了。

Set the Hook 建立链接

你是否曾对星星许过愿？愿望实现了吗？可能有，也可能没有。然而，仅仅许愿是不够的。交友达人从不会依靠愿望和幸运——他们靠的是自己。他们主动出击来实现自己交友的愿望。

若想要再次见到对方，关键在于下次见面的理由。如果你能找到和对方下次见面的理由，然后把它变成具体的计划。这个计划我们称之为链接。这个链接越具体、越有趣，那么它的可行性就越大。制订一个有明确时间和地点的计划很关键。

Activity 活动	Place 地点	Time 时间	Hook Strength 可行性
Hang Out 出去玩	某个地方	某个时间	这个链接不太好。 你不知道要干什么，也不知道要去哪里，什么时候去。这根本不算是一个计划，结果可能就再也见不到他们了！

Activity 活动	Place 地点	Time 时间	Hook Strength 可行性
Have a Drink 喝点东西	地点待定	周六晚上	这个链接还不错。 虽然不知道要在哪里见面，但至少规划了一个具体的时间和要做的事情。
Go to a Concert 看演出会	国家艺术中心	周日晚上7点	这个链接非常棒！ 有具体的活动内容、时间、地点，而且是双方的兴趣爱好。

交流中有几个时间阶段可以建立链接。离开时建立链接是很常见的。

Hey, I've gotta go. I enjoyed talking to you! If you like rock music, you should check out a rock concert this weekend! It's on Saturday at 10:00.

你好，我得走了。很高兴和你聊天！如果你喜欢摇滚的话，你应该去看看这个周末的演唱会，周六十点。

Well, it's really nice to meet you, but I need to get going. If you want to play basketball, some friends and I play every Wednesday at 7:30pm. You should join us this week.

很高兴认识你，不过我要先走了。如果你想打篮球，每周三晚上七点半我和一些朋友都会一起打。这周要不跟我们一起吧。

Oh, no! I've gotta go to work. I'd love to continue our conversation later. Are you free this weekend? I could buy you a cup of coffee at that Starbucks.

哦，不会吧！我要去工作了。我很想跟你继续聊天，你这周末有空吗？我请你去那家星巴克喝咖啡。

其实，也没必要等到结束时才建立链接。如果有机会，在和对方深入交流的时候就可以建立链接了。比如，当你谈到一个共鸣点时，就可以行动。

A: So what do you do in Beijing?	那你在北京做什么工作？
B: Oh, I don't work here. I'm just visiting my friend for a month.	我不在这里工作，我只是到朋友家玩一个月。
A: Really? That's great! What do you want to do while you're here?	真的吗？太好了！你在这里有什么计划吗？
B: I want to see the city! I've seen the famous tourist spots, but I don't think I've seen the real Beijing.	我想去看看北京这座城市！虽然已经去过了一些著名的旅游景点，但我觉得自己还没有看到真实的北京。
A: I know what you mean. Actually, my neighborhood has some traditional Beijing-style houses. Maybe I could show you around sometime?	我明白你的意思。事实上，我的小区周围就有一些经典的北京风格的房子。我应该可以抽空带你去转转。

扫码听录音

| B: That sounds great! Are you from Beijing? | 那太好了！你是本地人吗？ |
| A: No, I was born in Harbin... | 不是，我在哈尔滨出生的…… |

即便在深入交流的过程中，你已经建立好了链接，收尾的时候也要再提一次，从而提醒对方，增强计划的可行性。

大部分人都不知道该如何建立链接。关键在于你必须找到对方想要去做的、感兴趣的事。

很多人都向我要过电话号码或微信，但都没有相应的理由——只是想"交朋友"，就是说他们只想练习英语。但我凭什么要给你呢？如果没有理由，我是不会给他们电话号码的。你会吗？

只要你的理由得当，那么对方自然就会给你联系方式。

扫码听录音

A: If you want to see my neighborhood, I'm free this Saturday afternoon. I could show you around.	如果你想参观我的小区，我这周六下午就有空，可以带你转转。
B: Perfect!	太好了！
A: Great! Could you tell me your phone number? I'll send you the address.	好的！能告诉我一下你的电话号码吗？之后我会给你发地址。

A: Some friends and I are going hiking this weekend. Would you like to come?	我和一些朋友约好这周末去爬山，你要一起来吗？
B: Sounds great, sure!	好啊，听起来不错！
A: Cool. Do you have WeChat? I'll add you to the group.	好的。你有微信吗？我可以把你拉到群里。

A: If you want, I can send you a link to the article I was talking about.	如果你需要的话，我可以把刚才说过的文章链接发给你。
B: Sure, I'd like to read it.	好啊，我想看看。
A: How should I send it? Should I add your WeChat?	要怎么发给你呢？可以加一下微信吗？

　　建立链接时，你通常要拿到他们的联系方式。那么，为什么这招叫建立链接而不是得到电话号码呢？

　　道理很简单：电话号码不重要，他们给你电话号码的理由才是重点。你的目标不是为了得到对方的电话号码或微信，而是和他们交朋友。如果你成功地和别人建立链接了，就没必要担心他们不给你联系方式，一切都是水到渠成的。

　　如果他们给了你电话号码，但你没有任何计划或者想要聊的，那么他们就有可能不会打给你或接你电话了。

Say Goodbye 握手道别

　　最后一步是最轻松的。你知道该如何道别。关键是，不要忘记微笑！

See you later!	待会儿见！
See you this weekend!	周末见！
See you around.	再见。
Have a good day!	祝你有个美好的一天！
Have a good night!	晚安！
Have a good evening!	祝你有个美好的夜晚！
Have a good one!	玩得开心！
Talk to you later!	待会儿跟你聊！
Bye!	拜拜！

　　成千上万的书可以教你无数种道别的方式。使用哪种方式并不重要，用自己喜欢的、觉得自然的方式就可以了。当然，记得微笑！

总 结

　　你已经种下了一颗交流的种子，并让它茁壮成长。现在是丰收时刻了，不要让友谊的果实就这样挂在树上。伸手摘几颗，享受一下果实的甜美。

　　在结束对话的时候，不要说完"Bye bye"就离开。最后的印象和第一印象一样重要。记住完美收尾的四大步骤：离之有理，赞美对方，建立链接，握手道别。这些步骤都有一个相同的目的：确保你们的下一次见面。

Question #1: I'm really enjoying the conversation, but I have to go to the bathroom. How can I do this politely?
我很享受这次交流，但是要去一下洗手间。该怎么做才显得礼貌呢？

放轻松！说出来就好了。自信点！直率点！

Sorry, I need to go to the bathroom. I'll be right back.
抱歉，我需要去一下洗手间，马上回来。

扫码听录音

Hold on for a minute. I need to run to the boys'/girls' room.
等一下，我需要马上去一下男 / 女洗手间。

如果你不好意思说"洗手间"，那可以不用说。

Excuse me for a minute. I'll be right back.
不好意思离开一会儿，我马上回来。

Hold on. I'll be back in a minute.
等一下，我去去就回。

他们肯定会知道你的意思。
你离开之后，他们也许开始跟其他人聊天了。不用担心，这是认识其他人的好机会。你可以走过去，加入到他们的对话中去。他们或许会介绍你，当然你也可以做自我介绍。记住要放松！

如果回来之后，你真的无法融入到新的对话中去，一定要记住：你们已经有了一个切入口。

离开聚会之前，你可以走过去，并说：

Hey, we didn't get to finish talking before. I'd love to continue the conversation sometime. Could I have your WeChat?

你好，我们之前还没有聊完。有空时，我想继续聊聊，可以加你微信吗？

Question #2: After I started the conversation, I discovered that the other person is actually quite boring. Worse, he just won't stop talking! How can I end the conversation politely?

展开对话后，我发现对方其实很无聊。更糟糕的是，他一直讲个不停！我该怎么礼貌地结束这场交流呢？

是不是挺有趣的？本来你还担心自己会无聊或会让人烦，但突然发现有时外国人也挺无聊的。

这时，尽量做好收尾，不需要建立链接，只要说明离开的理由，（如果需要的话）可以赞美几句，然后就可以道别了。

如果他们还在滔滔不绝，或许你就要打断一下了。这样确实不礼貌，但对方的行为也没有礼貌，不是吗？有的时候，你没有选择。不过即便如此，在打断的时候，开头最好用"Sorry"来开启。

Sorry – I should go say hi to my friend over there. See you later!

抱歉——我该去那边跟我的朋友打个招呼了，待会儿见！

Oh, sorry – I need to go to a meeting now. Have a good day!

不好意思——我现在要去参加会议了，祝你有个美好的一天！

Ah, sorry to stop you there. I need to get home. I have lots of work to do. Enjoy your evening!

啊，抱歉打断一下。我必须要回家了，还有很多工作要做，祝你晚上过得愉快！

Sorry! I've enjoyed talking with you, but I need to get going or I will be late. Bye bye!

抱歉！很高兴和你聊天，但我现在必须要走了，否则就要迟到了，拜拜！

人人都希望自己风趣幽默，希望对方能喜欢自己，但不是所有人都知道该怎么做。我最喜欢约翰·沃森的一句关于和陌生人交流的话：**Be kind. Everyone you meet is fighting a battle.**（善待每一个遇到的人，因为他们都在打一场硬仗。）

Step 5 ▶ Keep in Touch　保持沟通

Follow-Up Messages 跟进短信

交流进展得很不错，对方的联系方式也拿到了，大功告成了吗？还有一步也非常重要：跟进联系。

认识对方的当天，可以给对方发一条跟进短信。

跟进短信应该包含以下三点：一句友好的赞美，交流中建立的一个链接，一个对未来的期待。

短信一定要简洁明了，例如：

> **Hi, Daniel! It was nice meeting you today. I enjoyed talking about music with you. Hope to see you again soon!**
>
> Daniel，你好！今天很高兴认识你！很享受和你聊音乐，希望不久之后能再次相见！

如果之前已经建立了链接，也一定要在短信中提及。

Nice to meet you, Daniel! I had a great time talking with you. Looking forward to seeing you this weekend at the art museum!

Daniel，很高兴认识你！和你一起聊天真的很愉快。期待周末我们艺术馆相见！

如果你还没有在交流中建立链接，也可以在跟进短信中提出来。

Nice to meet you today, Daniel! If you like hot-pot, I could show you a great Chongqing hot-pot restaurant downtown this weekend.

Daniel，今天很高兴认识你！如果你喜欢吃火锅的话，我这个周末可以带你去市区一家很棒的重庆火锅店。

如果想要对方回复，那就发一条可以轻松回答的短信。最容易回复的短信是问一个问题。

Great talking with you about books today, Daniel! I was wondering, could you recommend an English novel that is easy to read?

Daniel，今天很高兴和你一起聊书！不知你是否可以推荐一本简单易懂的英语小说呢？

Hi, Daniel! I enjoyed talking with you about cooking today. Could you recommend a restaurant that you really like in Shenzhen?

Daniel，你好！今天很高兴和你一起聊烹饪。你能推荐一家你在深圳很喜欢的餐厅吗？

短信务必要保持简洁、切题。如果过长或主题不明确，对方就不知道该如何回复了，有可能根本就不回复了。

十年前，大家都是用电话或者邮件来跟进。而如今，社交媒体和 SMS（手机短信服务）的使用更加普遍。

在中国，每个人都在用微信。然而，在每个国家使用的软件并不一样。2016 年，WhatsApp 成为全球使用最广泛的通信软件。它雄踞欧洲、北美、非洲、俄罗斯、印度等地区和国家通信软件的榜首。

没有微信的美国人可能大部分时候会用短信。顺便提一下，美国人一般不会说 SMS，只说 text（发短信）。例如，他们会说 "I will text you" 或 "I got your text"。

第一次见面之后，发一条跟进短信，约下次见面，友谊才有可能再次开花结果。

You aren't their only friend. Don't expect them to talk with you every day, or go out with you every weekend!

你不是他们唯一的朋友。不要期待他们会没日没夜地跟你聊天或每个周末和你一起出去玩。

如果他们有时候不能赴约，也不用担心，聚焦在你们的共鸣点上。确保聊天的话题和邀请的活动是对方感兴趣的，这就可以了。

Happily Ever After 友谊长存

在这本书中，我们聚焦如何把第一次见面的陌生人转化成新的朋友。事实上，大部分友谊的开始都是相同的——相遇相识，找到共同的爱好，然后保持联系。

每一段友谊开启之后，都会朝着不同的方向发展。由于共同爱好和性格不一样，它们也都不尽相同。

正是因为每一段友谊之旅都是独一无二的，我们只能教你如何打开友谊之门，而友谊之路还是需要自己来走。

Every friendship is different, so just enjoy it!

每一段友谊之旅都各不相同，尽情地享受吧！

　　对话已结束。太棒啦！但是你的工作还没有结束——第一次对话只是第一步。如果你不继续跟进，那么你们的友谊之旅还没开启就结束了。

　　发一条跟进短信，告诉对方你很喜欢上次的交流，然后再寻找下一次交流的机会。

　　接下来的道路，你只能自己走了。

FAQ
常见问题

Question #1: **It's been a few days or weeks since I've talked to the other person. How can I get in touch with them again? 自从和对方聊天后，已经过去几天或几周了。我该如何再次联系他们呢？**

　　很多友谊都会出现"失联"现象。不用担心——这很正常，而且重新联系也很简单。

　　先找到一个切入点，之后就可以开始交流了。这个方法其实很容易——因为你已经了解了你们的共鸣点！只要找一些和你们的共鸣点相关的新资讯、活动信息或问题，然后直接发短信就可以了。

Hey, Daniel! Long time no see. I just found this new band. I think you would like it.

嗨，Daniel！好久不见。我刚发现了这支新乐队，觉得你可能会喜欢。

Hi, Daniel! It's been a while. I just found a new American restaurant. Have you tried it? If you have, what do you think of it?

嗨，Daniel！别来无恙。我刚发现了一家新的美国餐厅，你去吃过吗？如果去过的话，你觉得怎么样？

I saw that the art museum has a new show. Would you like to go see it this weekend?

我看到艺术馆在办新展，这周末你要过去看看吗？

找到一个新的切入点也许是最好的方法。但是如果之前已经和对方建立了很强的链接，就可以直接约出来见面。

Hey, Daniel! Long time no see. Do you want to catch up this weekend? I'll treat you to dinner.

嗨，Daniel! 好久不见。周末想出来聚一聚吗？我请你吃饭。

Hi, Daniel! I haven't seen you in a while. Want to get coffee and catch up?

嗨，Daniel！别来无恙，要不要出来喝杯咖啡，聚一聚啊？

I haven't seen you in ages! We should hang out this weekend. Any good events happening?

我很长时间没有见到你了！这个周末，我们应该一起出来玩玩。最近有什么好的活动吗？

Question #2: We had a great conversation, and I sent a follow-up message, but they didn't reply. What should I do?
我们之前交流得很愉快，之后我给对方发了一条跟进短信，但对方没有回我，该怎么办？

如果对方不回你的短信，有两个可能：要么他们忘记回复了，要么他们不想回复。而你却不知道到底会是哪种可能。

如果他们是忘了，你可以稍后再提醒他们一下。发完第一条短信后，隔天再发一条。

Hey, did you get my message about the show this weekend?

嗨，你有没有收到我发给你的关于周末展览的短信？

Good morning! Do you know if you can go for coffee later today?

早上好！不知今天晚些时间可以出来一起喝咖啡吗？

Just checking to see if you want to play basketball tomorrow. We need to confirm how many people will play.

就想确认一下你明天是否要来打篮球。我们要核实有多少人会来。

如果他们忘记回复第一条短信，之后一定会回复第二条。问题就解决了。

如果之前他们不想回复第一条短信，那么他们也不会回复第二条。这样你就可以非常明确：这个人不可能会成为你的朋友，也就没必要发第三条短信了。

当然，也有可能他们手机丢了，四五天内都无法回复你。一切皆有可能。

即便对方不回复你的第二条短信，也不要生气。这种情况时有发生。可能当时他们就不想给你电话号码，但又不好意思拒绝你的请求。

No matter what the reason, remember: there is no such thing as failure. Every experience makes you stronger!

无论何种原因，记住：没有所谓的失败。每一次经历都会让你变得更强大！

Question #3:　A new friend invited me to an event, but I don't have time to go. I'm afraid that if I say " no," they won't invite me again. What can I do?
一个新认识的朋友邀请我参加一个活动，但我没时间去。我担心如果这次说"不"，下次他们就不会再邀请我了，我该怎么办？

如果你不能去的话，就直接告诉对方。

如果你担心对方以后不再邀请你的话，可以使用这一招：拒绝别人的邀请，发出另一个邀请。比如，你必须拒绝今天午餐的邀请，那么可以邀请对方明天午餐。

A: Hey, want to get lunch today?	嗨，今天要一起吃午饭吗？
B: Oh, no! I'm busy today. What about tomorrow?	不行啊！我今天很忙。明天可以吗？

扫码听录音

A: My band is playing tonight. Want to come?	今晚我的乐队有演出，要过来吗？
B: I would love to, but I already have other plans. When is your next show? I really want to go.	我很想去，但已经有别的计划了。你下次演出是什么时候？我真的很想去。

A: My friends and I are going to play frisbee this Saturday. You in?	我和朋友周六要去玩飞盘，你要加入吗？
B: I have to go to Guangzhou this weekend. Sorry! Will you play next weekend, too? Let me know.	我周末要去趟广州，实在抱歉！你们下个周末还会继续吗？有的话，跟我说一声。

Chapter 5

Unlocking Cultural Differences
破解文化冲突的关键

Language Is the Code; Culture Is the Key
语言是代码，文化是密钥

你有过这样的经历吗？明明听懂了对方说的每一字，但就是没有明白什么意思。怎么会这样？！

语言仿佛是一串代码，而文化就是密钥。不了解文化，就无法破解代码，哪怕你知道每一个字都没用！

有一次，我问同事："学生周末有课吗?"

她笑着说："可能吧。"

我没明白，又问了一遍："那么，他们平时周末都有课吗?"

她还是回答道："可能吧。"

我简直要抓狂了！还以为她是在搞恶作剧，她根本就没有回答我的问题，而且还笑！后来才明白原来她并没有在搞恶作剧，只是存在文化差异而已。

　　首先，当她说"可能吧"的时候，其实她要表达的是有的学生是有课的，有的学生是没课的，还有的学生可以自由选择。美国人会更直接一些，他们认为应该要把每件事情都解释得清清楚楚。

　　其次，她笑不是因为要捉弄我，而是因为觉得尴尬，尴尬于我们之间的交流有障碍。由于她不想让自己看起来尴尬，所以就用微笑来掩饰自己的情绪。

　　通常情况下，美国人的表达比中国人更直接，我们一般不会掩藏自己的情绪。当我明白这点后，我就可以"解码"并理解她当时想要表达的意思了。

　　虽然文化差异有时会让人难以理解，但它们并不可怕！由于当今世界各国的文化越来越紧密地联系在一起，这也使我们越来越容易相互了解。和老外交朋友的时候，碰到文化冲突，记住两点就可以了：接纳对方文化的不同，保持学习的心态。

When you don't understand, just ask! When you make a mistake, just say "Sorry!"

当你不懂的时候，直接问；当你犯错的时候，直接说"抱歉"！

Topic Traffic Light
话题红绿灯

上一章，我们学习了如何与陌生人展开交流并结交朋友。然而，在交流过程中有一个经常被学生问到的问题："和老外交流的过程中，什么样的话题是需要避免的？"

不能谈论的话题称之为忌讳，每个文化都有各自的忌讳。当你谈及忌讳的话题时，对方可能就会变得安静、不舒服，甚至恼怒。

我们将与老外谈论的话题分成了绿、红、黄三种颜色，称之为话题红绿灯。

🟢	🟡	🔴
绿灯表示这些话题不是忌讳，可以畅所欲言。	黄灯表示这些话题虽不是忌讳，但比较无聊。	红灯表示这些话题在很多西方国家都是忌讳，不应该去谈论。
这些话题都是有关兴趣爱好的，可能会促成愉快的交流！	如果你一定要讲，也是可以的，但最好还是谈论绿灯话题！	如果你不小心提及红灯话题，一定要道歉，然后赶紧转移话题。

Green-Light Topics
绿灯话题

话题	对话	点评
Weather 天气	**It's a great day today.** 今天天气真好。 **In summer, what's the weather like in your hometown?** 在夏天，你老家的天气是怎么样？	老实说，这个话题有点无聊，却是一个很好的开场白。
Recent Events 新闻	**Did you hear that Chinese can now get a 10-year Australian visa?** 你知道中国人现在可以拿到10年的澳洲签证吗？ **I heard we could be able to travel to Mars by 2030.** 我听说到2030年，我们可以去火星度假了。	留意最近发生的一些新闻，可能就是你们下次交流的一个很好的话题。
Clothes and Accessories 衣服和配饰	**I love your shoes/shirt/dress!** 我喜爱你的鞋子 / 衬衫 / 裙子！ **Wow! Your earrings are so pretty.** 哇！你的耳环好漂亮。	没有一个人会拒绝别人真诚的赞美，尤其在你肯定对方用心挑选的衣服或佩戴的首饰的时候。
Job 工作	**So, what do you do for a living?** 那么，你是做什么工作的？ **What was your first job like?** 你的第一份工作是什么样子的？	人的一生50%以上的时间都在工作。不同的工作给人带来不同的经历，不同的经历给人带来不同的话题。

Hobbies, Clubs 兴趣爱好、 俱乐部	**What do you like to do in your free time?** 你空闲的时候喜欢做什么？ **Did you sign up for any clubs in college?** 你在上大学时参加过什么俱乐部吗？	这是让很多人想想都很期待的事情。他们花很多的时间去享受自己的兴趣爱好。在兴趣爱好方面，每个人都有一些快乐或者难忘的经历。
Music, Movies, TV Shows 音乐、电影、电视剧	**Have you seen *Modern Family*?** 你看过《摩登家庭》吗？ **What kind of music do you like?** 你喜欢什么类型的音乐？	很多人，从小就追星或者追剧。每个人至少有一首百听不厌的歌曲、一部百看不厌的电影或者电视剧。在交流的过程中，好好去发掘吧。
Books 书	**Have you read *Journey to the West*?** 你读过《西游记》吗？ **Do you know of any good recent novels?** 你知道最近有什么好的小说吗？	书如其人。通过对方最近在看的书，你就知道他最近在关注什么。
Sports 运动	**Do you watch basketball?** 你喜欢看篮球比赛吗？ **Do you play any sports?** 你玩运动吗？	据说男人来自火星，他们好动、好比赛。和男人谈体育，绝对靠谱。
Shopping 购物	**Where usually do you go to buy your clothes?** 你通常去哪里买衣服？ **Have you had any unforgettable shopping experiences?** 你有没有一些难忘的购物经历？	据说女人来自金星，她们爱美、爱打扮自己。和女人谈购物，绝对有趣。

Likes / Dislikes 喜欢的 / 不喜欢的	**What do you like about living in Shanghai?** 你喜欢上海的什么? **Is there anything you don't like about living here?** 住在这里,有什么是你不喜欢的地方吗?	讨论"喜欢或不喜欢的事物"虽然有一点点隐私,但又不会太过于隐私,而且还可以在不涉及忌讳话题的前提下了解对方。
Experiences 经历	**Have you lived in lots of different places?** 你在不同的地方待过吗? **Have you had any unbelievable experiences while traveling in Sichuan?** 你在四川旅游时,有没有什么不可思议的经历?	人的经历就是一个又一个故事的相连。 问对问题,做好回应,剩下你要做的就是洗耳恭听了。
Future Plans 未来规划	**What do you want to do in the future?** 你未来想做什么? **What's your dream job?** 你梦寐以求的工作是什么?	现实可能有点残酷,不过未来却是美好的。每个人都有自己的童话世界。 找到对方的童话世界,你就不用担心无话可说了。
Passion 热情	**What's your passion?** 你对什么充满着激情? **What makes you get up every morning?** 每天是什么原因让你从床上起来的?	当你看到一个老外在眉飞色舞、手舞足蹈地分享时,他有可能在讲一件自己充满热情的事情。在交流中最好能找到对方的热情所在。

Motivation and Inspiration 激励和启发	**What inspired you to be a teacher/be a programmer/study abroad?** 是什么原因让你成为了一名老师/程序员/出国学习? **When you run into problems, what motivates you to keep going?** 在你遇到困难的时候，是什么激励你继续向前?	你可能在想：真的可以问陌生人这些问题吗？我们想说的是：你没有问，怎么知道不可以呢？只要你敢问，就可能会收获惊喜。

Yellow-Light Topics
黄灯话题

话题	对话	点评
Vague Questions 大而广的问题	**Do you like China?** 你喜欢中国吗？	中国地大物博，你到底想问什么？具体一点，具体一点，再具体一点。你可以这样问：What do you think of train travel in China? 你觉得在中国坐火车旅行如何？Oh, you're a teacher! What do you think about the schools in China? 哦，你是一个老师啊！你觉得中国的学校如何？

		中国的美食无数种，你说的是兰州拉面、粤菜还是川菜？你可以这样问他们： Do you like the local food here in Guangzhou? 你喜欢广州当地的菜吗？ How do you feel about different people eating off the same plate? 你是如何看待大家合在一起吃同样的菜的？ What's your favorite Chinese dish? 你最喜欢的中国菜是什么？
	Do you like Chinese food? 你喜欢中国菜吗？	
Stereotypes 偏见	**Foreigners are so open.** 老外都很开放。 **You're American. Do you have a gun?** 你是美国人。你有枪吗？	以偏概全是许多英语学习者容易犯的错误。戴着有色眼镜去交流，很难获得友谊。
Free English Practice 免费的英语练习	**Can I practice my English with you?** 我能跟你练英语吗？	有些人可能会不介意，但大部分人很介意。千万不要利用别人当免费的老师！
Asking for Friendship 要求成为朋友	**Can I be your friend?** 我能成为你的朋友吗？	如果你非要问，答案肯定是不。友谊是建立在共同的兴趣爱好之上的，而不是一种协商。
Chopsticks 筷子	**Wow, you use chopsticks so well!** 你用筷子用得很好！	没你想象中的那么难！其实很多国外的餐厅也有筷子，加上唐人街遍布全世界。
Too tall 好高	**You're so tall! Do you play basketballl?** 你好高啊！你玩篮球吗？	每个在中国的高个老外每天都要被这种问题问10次，无聊至极！

话题	对话	点评
Face/Body 颜值 / 身材	**You are so beautiful!** 你好美！ **You have a great body.** 你身材真棒。	这会让人觉得很不舒服。他们认为你可能是在调情，甚至会觉得你动机不纯。
Age 年龄	**How old are you?** 你多大了？ **What's your Chinese zodiac sign?** 你的属相是什么？	无论对方是男是女，这样问都是不礼貌的。另外，也不要问他们的生肖，他们又不傻——知道你什么意思。
Salary 工资	**How much do you make?** 你的工资是多少？	在美国，谈论工资是很忌讳的。欧洲会好些，但对陌生人来说，问这种问题依然不太好。
Relationships 情感关系	**Are you single?** 你单身吗？ **Where is your wife/husband?** 你妻子 / 老公在哪里？	这个话题非常隐私，而且万一他们刚刚分手呢？你会让对方想起不好的回忆。
Nationality 国籍	**Excuse me, were you just speaking French? I love France!** 不好意思，你在讲法语吗？我很喜欢法国。	讲法语并不代表他来自法国，有可能他来自加拿大的魁北克。讲西班牙语并不意味着他来自西班牙，有可能来自美国的南部州。不要因为自己的假设，而产生不必要的误解。

Racial Topics 种族话题	**Are you really French? I didn't know France had black people!** 你真的是法国人吗? 我都不知道原来法国也有黑人! **Do you think black people are dangerous?** 你觉得黑人危险吗?	在西方国家,种族是特别忌讳的一个话题。谈论这方面的话题,可能会给你带来不必要的麻烦。
Accents 口音	**Have you been to Singapore / India? Man, I hate Singaporean / Indian accents!** 你去过新加坡/印度吗? 我晕,我最不喜欢新加坡/印度口音了。	口音如一个人的外貌,不要以貌取人。当你评论别人的口音时,你怎么知道对方的家人或者朋友不是来自那个国家的呢?
Touching 触碰	**Can I touch you / your hair?** 我能摸摸你 / 你的头发吗?	哪怕你觉得他们的头发或皮肤很有趣,也不要问,也不可以摸!
Weight 体重	**You're fat / You're skinny.** 你好胖 / 你好瘦。 **You got fat / you've lost weight.** 你胖了 / 你瘦了。	说任何人胖都是一种侮辱,哪怕他是你的朋友。说陌生人骨瘦如柴也有点奇怪。

| Taking Pictures 合影 | **Can I take a picture with you?** 嗨！能和你照张相吗？ | 和朋友自拍很爽。但是，无缘无故邀请一个陌生老外合影，老外的感觉就是："我难道是动物园里的一只猴子吗？" |
| Religion 宗教信仰 | **Are you a Christian?** 你是基督徒吗？ | 有些人不介意，但有些人介意。不要问他们的宗教信仰，除非是他们主动提出来的。 |

上面有些话题你可能会觉得奇怪，比如"头发"和"服装"属于绿灯话题，但"颜值"和"身材"却属于红灯话题。这是因为人们会选择发型和服装来展示自己的风格，但颜值和身材就太私人了！

男人可以称赞另一个男人的身材，而女人也可以称赞另一个女人的身材，当然前提条件是对方看起来很健壮或者很健康。

例如：

扫码听录音

| A: You look pretty buff. Do you often work out? | 你看起来好健壮，你经常健身吗？ |
| B: Yeah, I go to the gym every day before work. | 是的，我每天上班前都会去一趟健身房。 |

| A: You are really fit. Do you mind if I ask, how do you keep in shape? | 你很健康。方便问一下：你平时是怎么保持体形的？ |
| B: It's not easy. I go for a run every morning and evening. | 其实并不轻松，我每天早上和晚上都要跑步。 |

再次提醒——你可能会不小心说到忌讳的话题，没关系！如果对方不想回答你的问题，那就笑一笑，说一声"Sorry"，如果对方很生气，可以解释说这种问题对中国人来说是 OK 的，然后再转移到其他话题。

A: So, how much do you make?	那你工资是多少？
B: I... uh...	我……
A: Oh, sorry. Do you like your job?	哦，不好意思，你喜欢这份工作吗？

扫码听录音

A: You got fat!	你胖了！
B: What?!	什么？！
A: Oh, I'm sorry! Chinese people like to talk about that sort of thing. Forget I said anything. Did you have a good weekend?	哦，对不起！中国人喜欢谈论这种话题。把我刚才说的忘了吧。你周末过得好吗？

A: You're an American. Are you a Christian?	你是美国人。那你是一个基督徒吗？
B: That's not a polite question.	这不是一个很礼貌的问题。
A: I'm sorry. I didn't mean to offend you. Let's talk about something else.	抱歉，我不是有意冒犯。我们谈谈其他的话题吧。

Seven Common Cultural Differences
七大常见的文化冲突

我在广州第一次和一对中美夫妇用晚餐的时候，他太太问我："你最喜欢吃哪道菜？"

作为美国人，我不认为这个问题很重要，于是我就笑了笑并说："牛肉很好吃！"

我第二次去他们家吃饭的时候，他们做了同一道牛肉菜，"有意思。"我心想。但第三次去吃的时候，又是同一道牛肉，接着第四次，第五次……每次都有。我开始觉得他们是不是在捉弄我。

后来，我问她老公到底怎么回事。他笑道："我应该早点提醒你的。当我太太问你最喜欢哪道菜的时候，千万不要直接回答，否则你就要天天吃这道菜了。"

"好吧，那如果她这么问的时候，你怎么回答？"我问。

"我就会说每道菜都喜欢，统统都很好吃！当然，她可能会觉得我是在说谎，但是你又能怎么办呢？三年前，我跟她说我喜欢吃三杯鸡，于是接下来六个月我几乎天天都得吃三杯鸡！"

文化差异有时确实让人摸不着头脑，但也没必要成为交流的障碍。当你与老外交朋友的时候，如果碰到了文化差异的情况，直接问就好了。

看看中国和大部分西方国家一些常见的文化差异，你会发现其实有时文化差异也是可以轻松解决的。

Giving Gifts
送礼物

It's the thought that counts!
贵在心意！

大多数老外只在生日、婚礼、圣诞节等节日、聚会或某些告别晚会等场合送礼物。

如果你送礼物的时机不属于以上范围，他们可能就会想你为什么要送这个礼物，而且也会因为要给你回赠礼物而倍感压力，即便你没想要他们回赠什么。所以，送礼物的时候，一定要确保理由非常明确。

除非对方和你关系非常非常亲近，否则千万不要送贵重的礼物。贵重的礼物可能会让对方感觉不舒服，他们甚至可能会拒绝。

在西方国家，人们认为没必要买贵重的礼物，贵在心意！务必让对方了解自己的心意，让对方清楚自己为什么要送这份礼物。

Touching
肢体接触

Let's shake on it!
我们握手成交吧！

大多数西方男人见面的时候都会互相握手。好的握手方式可以展现你的自信和友好。

有种简单的方法：紧紧握住对方的手，但不要太紧，以免伤到他们。上下快速摇晃一次，摇晃距离只要几厘米就可以了！女人可能也会握手，但一般不会用力握。

在有些国家文化中，人们在认识新朋友的时候也会相互拥抱，有的还可能会互亲脸颊。（通常不会真的亲到脸颊，只是脸贴脸，亲空气而已。）

你觉得和一个陌生人又抱又亲很奇怪？我们也觉得！有时候我们还会开涮欧洲人那套又亲又抱的方式。

如果有人在见面的时候想过来亲亲或抱抱的话，我们一般会选择尊重他们。即使不太认同他们打招呼的特有方式，但也没关系，直接一笑而过。

如果你对肢体接触感到不舒服的话，不用刻意去迎合。要是对方强迫你的话，就直接走开。虽然你应该尊重不同的文化，但如果对方不尊重你的话，他肯定不是你要结交的朋友。

Eye Contact
眼神交流

What are you looking at?

你瞅啥？

不是所有国家都认同眼神接触。美国、加拿大和澳大利亚认可这种方式，但英国相对较保守，不喜欢过多的眼神接触。

如果对方不想跟你眼神接触，千万不要一直盯着他们的眼睛看！如第三章所述，跟着对方的肢体语言走，要让他们觉得自然。

当你想要和陌生人进行眼神接触时，不要只是盯着他们看。这会让任何人都觉得不舒服。你可以时不时地朝他们看几眼，若对方的肢体语言处于 O-P-E-N 状态，他们可能会偶尔朝周围看一下，然后就会跟你有眼神接触。之后，你就可以面带微笑，开始破冰了。

到处都有人盯着我看！这是新来的老外的第一大抱怨。第二大抱怨是：为什么人们总是想和我练英语？而第三大抱怨就是：为什么人们总想跟我拍照？

Visiting Homes / House Parties
上门拜访 / 家庭派对

Hey, wanna come over?
嗨，你要过来拜访吗？

人们去家里参加派对，或者在去酒吧和看电影之前在家里消遣时光都是很普遍的。

在别人的派对上认识其他朋友，是常有的事。

去别人家的时候，一定要准时！有些文化认为早一点会比较好，而有些则觉得晚一点比较好。解决办法很简单：只要准时就行！没有人会因此对你生气的。

如果有人邀请你参加乔迁 party，传统习俗是带一份礼物。你要是认识对方，就可以买一份他们喜欢的礼物。如果不认识的话，带一瓶红酒或一些好吃的东西也是不错的选择。

家庭 party 也很常见。很多人喜欢参加家庭 party 并在朋友家里待上一整晚。如果有人邀请你参加家庭 party，一般需要带一些小吃或一瓶红酒。当然，如果不确定的话，可以直接问："我需要带些什么吗？"

通常情况下，可以带另外一个朋友参加别人的 party。不过最好先向主人确认一下："我可以带一个朋友过来吗？"当离开的时候，就直接找到主人，做好"收尾"工作。说明要走的理由，并附加一句："真的很好玩！下次再见！"然后就可以走了。

如果派对结束了你还在的话，就有很好的机会问主人："需要帮忙清理吗？"俗话说："想要成为朋友之前，先把自己当成对方的朋友！"提供帮助很好地展现了你注重礼尚往来的友谊。

如果你喜欢 party 的话，如果你想与已认识的老外加强链接的话，办一个 party 绝对是一个 good idea。

办 party 有一些常见的注意事项

确保有足够的椅子、杯子和盘子，可以使用一次性盘子和杯子。

准备零食，如薯片、坚果、胡萝卜等大家通常喜欢吃的零食，把它们都倒在碗里，这样大家可以随意去拿。

准备茶或苏打水之类的饮料，可自行决定要不要准备酒。

放一些轻音乐作为背景音乐。当然你可以放摇滚、流行乐或其他自己喜欢的音乐。如果环境过于安静，会让人觉得有压力，所以音乐可以帮助大家感觉更放松一些。

没必要准备游戏。大多数西方人喜欢在家庭 party 上纯聊天！用你的沟通技巧来深入交流。保险起见，可以准备一些简单的小游戏。纸牌是个不错的选择，不同国家的纸牌游戏各不相同。学习的过程也会非常有趣！

只邀请你认识的，而且相处起来舒服的人。如果你不知道跟某个人相处的感觉如何，那就约个时间一起出来喝杯咖啡，多了解了解。

确保要引荐客人互相认识，介绍对方的名字，还要说一些他们的背景。

Karen, this is Sarah. She's my coworker.
Karen，这是 Sarah，她是我的同事。

Hey Tom, do you know Bob? He's a musician, like you.
嗨，Tom，你认识 Bob 吗？他跟你一样是音乐家。

一定要提前三四天邀请。否则对方可能早就另有计划了，到时候就没人来了。

I'm inviting some people to my place on Friday. Would you like to come?
我打算邀请一些朋友周五来我家里玩，你要来吗？

Hey, I'm hosting some people at my house on Saturday, if you want to come.
嗨，我打算周六在家里办 party，你要来吗？

I'm having some friends over this Friday. Do you want to come? Feel free to bring others, too.
我打算叫一些朋友周五来家里玩，你要过来一起玩吗？当然也可以带别人一起过来。

家庭 party 有时会持续很久。如果你累了或想要结束，可以直接说：

Well, guys, thanks for coming. I need to get some sleep before work tomorrow.

好了，朋友们，谢谢你们的到来。我需要休息了，明早还要上班。

This has been fun! I need to go, though. I'm afraid the party will have to move somewhere else.

今天玩得很开心！不过我得要走了。恐怕 party 要移到别的地方了。

祝你的 party 马到成功！说不定哪天我们也会来参加你的家庭 party 哦。

Direct vs Indirect
直接 vs 委婉

Say what you mean!
直截了当!

西方人喜欢直接的表达方式，认为每个人都应该直截了当。然而，中国人却往往比较委婉，在不明说的情况下想让你知道他们的意思。对中国人而言，委婉的表达方式是严谨礼貌的表现。这种想法就会产生一些误解。

Indirect Communication 委婉的表达方式	What Chinese Mean 老中的意思	What Foreigners Hear 老外听到的意思	Change to Direct Communication 替代方式
You want to eat hot pot? I think Sichuan food is very spicy. 你想吃火锅吗？我觉得四川菜很辣。	I don't want to eat spicy food right now. 我现在不想吃辣的东西。	We will talk about spicy food now. 我们现在要谈谈吃辣的东西。	I don't want to eat spicy food now. Can we go somewhere else? 我现在不想吃辣的东西，可以去其他的地方吃吗？
We have walked a long way. Aren't you tired? 我们走了好长的路，你累了吗？	I'm tired and I want to go home, but I want to be polite. 我现在很累，想回家休息，但又不想有失礼节。	They are worried about me, but I'm OK. Let's keep going. 他们在担心我，但我还行。我们继续走吧。	I'm feeling a bit tired. I think I will go home. 我现在觉得有些累了，我想回家了。
You dress so casually, even to work. 你即使上班都穿得很随意。	You should probably wear more formal clothes to work. 你上班应该穿得更正式一些。	They are interested in my clothes and habits. 他们对我的服装和穿着习惯感兴趣。	You should probably dress more formally at work. 你上班的时候应该穿得更正式一些。

Do you think that's the best thing to do? 你认为这是最好的方式吗?	**That is a bad idea. You should not do it.** 这个想法很糟糕，你不应该这么做。	**They want to know what I think.** 他们想要知道我的想法。	**I don't think that's a good idea. Maybe you should try...** 我不认为这是一个好主意，或许你应该试一下……
I guess foreigners like to ask personal questions. 我觉得老外喜欢问比较私人的问题。	**Your question is too personal for me.** 你的问题对我来说太隐私。	**They want to talk about cultural differences.** 他们想要谈谈文化差异。	**I would rather not talk about that. Chinese people don't usually talk about it.** 我还是不想谈论这方面的话题了。中国人一般不聊这个方面。
Your idea is very interesting. 你的想法很有趣。	**What a stupid idea!** 多么愚蠢的想法!	**They think my idea is interesting!** 他们认为我的想法很有趣!	**Actually, I think there might be a problem with your idea...** 事实上，我觉得你这个想法可能有问题……

　　练习直接的沟通方式。同时，如果老外对你太直接了，也不要生气。这就表示他们觉得和你相处很舒服，可以畅所欲言。

Let's split the check.
我们各付各的吧。

西方人经常在和朋友一起吃饭的时候分开付账。虽然有时候他们也请朋友吃饭，但通常会有特别的原因。

如果你邀请别人和你一起用餐，你提出埋单是很有礼貌的。不过对方可能想要各付各的，也要尊重他们。这样会让他们感觉更自然一些。

如果是约会的话，传统的做法一般都是由男士来付。但是这样做可能会让有些女孩觉得不舒服，她们觉得你有"购买"她们的嫌疑。如果女方提出要分开付，那就各付各的。

很多人以为"AA 制"这个词来自国外，其实世界上只有中国人才会用这个词。西方人外出用餐时很少采用 AA 制，原因是大家各点各的，不像中国人一起点一起吃。除非提前说好的请客，一般都是各付各的，英语可以说"Let's split the check"。如果要纯粹的 AA 制，就可以说"Let's split the check **evenly**"。

除此之外，吃饭的时候注意不要发出声音。虽然很多亚洲国家的人觉得吃饭发出声音没什么关系，但在西方国家却是难以接受的。我身边有不少朋友都因为对方吃饭的声音太大而决定不再与他们一起用餐。

2004 年年底到 2006 年年初，我基本每周都和老外朋友有一次饭局。我可以接受和一群老外朋友外出用餐时"Let's split the check evenly"，不过我很难接受和自己很要好的国外朋友采用 AA 制。就为埋单这件事情，我曾经和来自纽约的 Henry 争论很长时间。最后，我们的折中解决方案就是："This time, it's on me. Next time, it's yours. We take turns."（这次我请客，下次你请客。轮流请客。）

Ideas about Friendship
对友谊的观念

Can we be friends?
能做个朋友吗？

中国人对友谊的观念比较务实，而西方人的想法要更加随意。

务实的友谊是互帮互助的，是在对方有难时伸出援手，给予经济上或其他方面的帮助。它通常跟物质的东西有关，比如赠送贵重礼物、请客吃饭及共享资源。

随意的友谊是嬉戏玩乐的。在西方国家，人们一般都不会向朋友寻求经济上或工作上的帮助，对"朋友"的界定有时候并不清晰，而"亲密朋友"往往也只是经常一起玩的人而已。

有的学生经常会问老外："我们能做朋友吗？"老外一般都不会深究这句话背后的含义，觉得这只是随意的友谊，根本不需要自己在实际上去做些什么事情，所以就说"好的"。结果到最后，学生都会因没有获得自己期望中的友谊而倍感失望。

Know Yourself, Know Your Enemy!
知己知彼，百战不殆！

The Top 6 Kinds of Foreigners You Might Meet
你最有可能遇到的六种老外

文化各不相同，而"老外"这一词则表示你交流的人来自不同的文化背景下。

然而，老外来中国的理由无非是旅游、教英语、开公司、学中文之类的。来到中国后，他们的经历也几近相同：游山玩水、享受美食、工作、文化冲突等。

这就是为什么你在中国碰到的很多老外都大同小异。接下来，我们将探讨你可能会遇到的六种常见老外。

你遇到过下面几种类型的老外？

The English Teacher 英语老师

年龄：20 ~ 60

职业：英语老师

活动场所：学校、咖啡吧、酒吧、各种活动场所等

可能感兴趣的话题：在中国过得怎么样、本地特色、他们的祖国等

这是最常见的一种老外，也是最容易碰见的。大多数英语老师在中国待的时间较短，而且个性随和，容易搭话——目前还没厌倦"你觉得中国怎么样？"之类的问题。

英语老师的生活有可能会非常忙碌（晚上和周末有课），也有可能很轻松。他们一般很享受自己的生活方式，通常和朋友在一起去酒吧或咖啡馆的时间会很多。

教英语可能不是他们的梦想，而是环游世界的一个谋生之计。

大部分的英语老师来中国，都对中国充满了好奇，想更深入地了解中国。然而，也有一些人来中国，是为了逃离自己的国家。我们称之为"愤世嫉俗者"。

"愤世嫉俗者"总是对中国抱怨不休，却又赖着不走。为什么？因为他无法在自己的国家生存。虽然听起来有点尖锐，但事实就是如此。

而之所以要讲"愤世嫉俗者"，是因为你有可能会遇到这样的人。如果遇到的话，也不要生气。当他们抹黑中国的时候，你可以选择直接走开或者送他一句话：If you don't like living China, why don't you go back?

The Foreign Student 外国留学生

年龄：18 ~ 27

工作：学生

活动场所：大学校园、酒吧、咖啡馆、旅游景点

可能感兴趣的话题：汉语、旅游

随着中国高等学府的不断完善，越来越多来自世界各地的学生想来中国深造。2010 年，中国的外国留学生还不到 300,000 人，

但现在已达到 400,000 人，而且这个数字还在不断上升！在中国，找外国留学生不失为一个和老外交朋友的好方法。

外国留学生来自不同的国家，不过在西方留学生中最多的还是美国学生。虽然学习的专业不同，感兴趣的话题也各不相同，但是他们大部分是本科学生，一般都喜欢周末出去玩。

和外国老师一样，外国留学生可能对中国的了解并不多，或许会对看到的每一件事物都充满新奇与兴趣。如果你能带他们去体验普通游客很少去体验的，如当地人特色的美食或有特色的建筑等，很可能会让他们兴致勃勃，流连忘返！

The International Tourist 外国游客

年龄：25 ～ 64

工作：包罗万象

活动场所：旅游景点、国际会议场所、涉外酒店、酒吧、咖啡店等

可能感兴趣的话题：中国的特色景点、当地的风土人情、中国的美食等。

来中国的大部分游客主要分为两种：商务旅游和观光旅游。你可以用英语这样问他们："Are you here on business or pleasure?"

根据国家旅游局的统计，2015 年来华外国游客近 2600 万人。其中会讲英语的游客超过 1200 万，其中包括超过 488 万的欧洲游客、208.6 万美国游客 、68 万加拿大游客、63.7 万澳大利亚游客等。

上海和北京是对外国游客吸引力最高的城市，远远高于其他热门旅游城市 。其次就是深圳、广州、苏州、杭州、成都、西安、重庆、厦门等城市。

他们对中国的特色景点充满着好奇，对当地的民俗民风很感兴趣、对中国的美食跃跃欲试。

他们往往会惊叹于中国的五千年历史，对中国城市的建设眼前一亮，折服于中国四通发达的交通系统（飞机、高铁、地铁、公交车等）。

不过他们同时也对一些中国人的陋习感到惊讶：1. 中国司机开车太疯狂了；（有交通规则吗？为何不避让行人？）2. 随地吐痰；3. 插队等。

友情提示

他们是最具有包容精神的一群老外，那些所谓的"无聊问题"或者"问得太多"的问题，他们都会很有兴趣和爱心地解答。

The Professional 专业人士

年龄：35 ～ 50

职业：外企技术人员和高管

活动场所：酒吧、咖啡馆、活动场所与爱好聚集地

可能感兴趣的话题：工作、个人兴趣、适应中国生活、家庭生活

外企的领导层很多都是老外。大型跨国公司会往世界各地派遣员工，这些人通常不会在一个国家待很久。有些人在中国待了两三年后，就会去到其他国家。

这些人往往事业有成，会把自己的家人一同带到中国。对他们来说，工作和家庭是两个最大的热点话题。

想碰到这类人可能会很难，他们不仅工作繁忙，而且很注重

家庭生活。但是如果你和他们有一样的爱好或热点话题的话，那么或许你们会成为很好的朋友，毕竟他们为人稳重。

The "Marco Polo" 中国迷

年龄：20 ~ 30

职业：英语老师、无业人士或其他职业

活动场所：酒吧、咖啡馆、书店、名胜古迹、文化活动场所等

可能感兴趣的话题：中国文化、文化交流

中国迷会说汉语，或正在学中文，他们可能熟知中国每个朝代的名字，也可能喜欢早上吃面条，会喝白酒，而且想学中国功夫。

中国迷非常热爱中国文化，喜欢炫耀自己在中国学到的技巧和所见所闻，这些都是他们经常挂在嘴边的。也因此，很多其他的老外都觉得中国迷有点烦人。

中国迷会找你练习汉语，没关系！不要想利用他们来练习英语。说什么语言并不重要，重要的是建立良好的友谊，这样你们双方才能相互学习。

The Starving Artist 奋斗中的艺术家

年龄：20 ~ 40

职业：任何可以赚钱的职业

活动场所：咖啡馆、便宜酒吧、博物馆、文化活动场所

可能感兴趣的话题：艺术、文学、奇怪的工作

奋斗中的艺术家在追求他们自己的梦想，哪怕赚不到任何

钱。他们可能是作家、画家、歌手或其他的艺术家，来中国是为了寻找灵感。他们要么在艺术博物馆，要么就在咖啡馆或酒吧畅谈艺术。

他们中有些人教英语仅仅是为了赚钱养活自己，然后把真正的热情投入到艺术中去。如果有一天你看到某个人有着有趣的发型，穿着五颜六色或手工制作的服饰，那么对方有可能就是一位奋斗中的艺术家！

如果你能聊艺术的话，或许对方会喜欢你，但也不用勉强。如果你能谈论有关艺术方面的话题，并认真倾听对方，然后去看看他们的艺术品，或许你会成为他们的朋友。和艺术家交朋友一定会让你受益匪浅。

The Top 6 Kinds of Chinese that Foreigners Often Meet
老外最有可能遇到的六种老中

中国地大物博，人口众多，拥有丰富多彩的方言与文化。然而，老外朋友口中经常谈起的中国人却只有几种。

读完下面的内容后，你就能更好地了解到老外眼中的中国人了。同时，也可以问问自己：我是其中哪种类型呢？

The English Vampire 英语吸血鬼

Hi! What's your name?

Where are you from?

Hi! Can I practice my English with you?

吸血鬼吸血，而英语吸血鬼吸英语。他们不考虑老外的感受，只想和老外练英语！

还记得发问机关枪吗？那是英语吸血鬼的一种。他们想要免费的英语课，有时会一直不停地发短信或打电话，即使没有什么话题可聊的。

Friendship is a two-way street.
友谊是一条礼尚往来的双行道。

如果你一直不停地跟老外讲话，但又没什么有趣的话题，那么你可能就是个英语吸血鬼……或许能跟老外搭上话，但也过不了友谊阶梯的第 1 级。

如果你过去是英语吸血鬼，也不要担心！每个人都会犯错，关键是不要老犯同样的错误。只要学习并掌握前面讲到的方法和理论，你就会知道如何与老外交朋友了。

The Pushy Parent 咄咄逼人的父母

看，有个老外！过去打个招呼！你的英语成绩不是很好吗？

这种情况屡见不鲜：父母看到一个老外，就会让自己的孩子上去跟老外搭话。那些孩子却不想过去打招呼。结果是，孩子会觉得很尴尬，爸妈最后会很失望，而老外会对此感到生气。

如果你为人父母，请一定要记住：这招永远不管用！不要浪费你的时间了，也不要逼自己的孩子和老外讲话了。教育固然重要，但也不要教孩子成为英语吸血鬼！

培养孩子的自信，培养孩子的兴趣爱好，教导他们相互尊重。如果做到了这点，你就不需要逼他们去跟老外讲话。等时机到了，他们自然就会去搭话。

The Jolly Businessman 阿谀奉承的商人

Friend! Friend! Cheers! Bottoms up!
朋友！朋友！干杯！喝完！

有些人一看到老外就会变得兴奋，他们觉得有老外朋友很有面子。这就是为什么有些商人喜欢在酒吧找老外聊天的原因，即便他们只会说："Cheers! We are family! Ganbei!"

然后，到快结束的时候，他们会跟你称兄道弟。有些老外很喜欢，但也有些老外很反感。

有些老外甚至能从中得到报酬。现在还有些公司会雇用老外，让他们就坐在酒吧或会议上，不用做任何事情。我们称之为"白猴工作"，因为即使是一只猴子也能做——只要是白色的！

如果你交到了一些老外朋友，可能会遇到这类人。而当你遇到的时候，笑一笑，然后离开就是了。如果可以的话，帮你的老外朋友解解围。

The Club Kids 酒吧控

So, are you going out tonight?
那你今晚出去嗨吗？

有些人"为周末而活"。他们周一到周五去工作，但是他们的关注点是周五和周六去泡吧。

这种生活方式现在已经越来越普遍了。

如果这些人去的酒吧也是老外经常去的酒吧的话，他们肯定会交到老外朋友的。之所以能轻松交到朋友，是因为大家有相同的兴趣——泡酒吧！

很多人就是因为想认识老外才变成了"酒吧控"。但是想要在酒吧交到好的朋友很难，因为没有很多机会可以和他们进行有质量的交流。或许你根本没法通过友谊阶梯的第1或第2级。

即使你在酒吧认识他们，也一定要通过其他活动来巩固友谊。同时，在酒吧一定要小心谨慎。不要喝醉了！如果对方想要灌醉你的话，那么他绝对不是你要交的朋友。赶紧远离他！

The Foreigner at Heart 我爱老外

I always get along better with foreigners than with other Chinese people.
我总是跟老外相处得比中国人好。

这种"我爱老外"型的人喜欢看外国节目，享受说英语，身边的老外朋友比中国朋友还多。他们会觉得自己融入不了中国人的圈子。即使他们从来没有出过国，却通常能讲一口流利的英语。

这种"我爱老外"型的人的工作可能会比较奇怪。很多老外没有结交到中国朋友，却可能需要有人帮忙走一趟银行或其他"难搞定"的地方，结果导致"我爱老外"型的人可能忙于帮各种老外处理日常杂事。

当然，这样做也没有问题。如果你能帮到老外，他们会很高兴和你成为朋友。但是，要谨慎，就像英语吸血鬼一样，有些老外也可能会是汉语吸血鬼！如果你觉得自己被利用的话，那么就告诉他们你不喜欢。

The Observer 旁观者

I want to join the conversation, but...
我想加入到对话中去，可是……

每个老外都认识了很多旁观者。好吧，虽然他们都不认识这些人，但见过很多。这是因为旁观者很少参与进来。

在英语角，他们是听众；在英语课上，他们是观众。遇到老外，他们很纠结。他们的口头禅是："我也想加入，可是……"

如果你认识这样的旁观者的话，可以助他一臂之力，你可能就多了一个学习英语的朋友。

如果你就是这种旁观者的话，告诉自己："过去不等于未来，抓住机会，主动出击。与其羡慕别人的英语讲得那么流利，不如从今天开始建设自己。"

总 结

语言和行为好比代码，文化就是破解代码的钥匙。没有钥匙，就无法很好地理解对方表达的意思。即使你能听懂对方所说的话，并不代表你能理解对方想表达的意思。

文化差异并不可怕。一定要记住上述的文化点滴。更重要的是，一定要用心倾听。如果遇到不确定的地方，直接问！

总结常见老外和常见老中，不是给他们贴标签，而是协助你能更好地与他们交流。

Chapter 6

Where to Go?
老外，去哪儿了？

我们已经解决了生活方式的问题，我们也解决了交流的问题，我们还梳理了文化冲突的问题。但还没有解决最最基本的问题：老外去哪儿了？

City-in-a-City
城中城

在中国每一座城市都会有老外，他们每周去工作、去逛商店或者出去娱乐。但为什么你却不能经常看到他们呢？

中国的老外就像唐人街的中国人。如果他们不会讲普通话，那么他们能去的地方就很有限。他们往往会去有英文菜单、英文广告和英文服务的地方。

简言之，老外虽然和你住在同一座城市，却住在不同的地方。他们住在城市中的小城，也就是城中城。如果你能找到城中城，就能找到老外了。

How to Find the City in a City
如何找到城中城

如果你不知道城中城在哪里，可以先问问身边的朋友，可能有人会知道哪家酒吧或咖啡馆的老外比较多。

如果这招不管用，那就上网查查。老外经常去的酒吧、咖啡馆、商店及其他地方通常都会做英语宣传。用英语搜索网页、微信公众平台、微博或豆瓣网上的信息。只要发现有英语活动的广告，就对了！

只要找到城中城的一角，找到其余的城中城就简单多了。

和老外展开交流之后，在合适的时候你可以问他们这样的问题：

Where do you like to hang out on the weekends?
你周末都喜欢去哪儿玩？

Which coffee shop / bookstore do you like the most in this city?
在这个城市，你最喜欢去的咖啡厅 / 书店是哪家？

Be Active
主动出击

还记得适合交友生活方式的三大关键吗？社交型，以兴趣爱好为导向的生活方式，勇往直前。倘若你喜欢结交老外朋友的话，就要更加主动去参加更多的活动。

The more events you go to, the more events you know about.

你参加的活动越多，你知道的活动就越多。

The more events you know about, the more places you know about.

你知道的活动越多，你知道老外常去的地方就越多。

The more places you know about, the more opportunities you have!

你知道老外常去的地方越多，你的机会就越多！

Location, Location, Location!
地点，地点，地点！

Do you come here often?

如果一个陌生人在英语角问你这个问题，你会有什么感觉？要是在洗手间问你同样的问题，你又会有什么感觉？

Remember: location is key!

请牢记：地点是关键！

交流不仅仅是语言和文化。当你与他人沟通、交朋友的时候，一定要注意三大关键点：地点、地点、地点！

不同地点，人们的感受是不一样的；不同地点，人们的期望是不一样的；不同地点，人们交流的方式也是不一样的。

场合不同，话题也不同。例如，在美术馆中到处都可以找到话题——每一幅画都能有无穷无尽的话题。但是在公交车上，话题就少多了，更别说想要找好的话题交流（除非你是公交车设计师）。

场合不同，期望也截然不同。在有些场合，人们会期望和别人沟通交流。但有些场合，人们却不希望和他人聊天。人们一般都期待在 party 上交到新朋友，而不是在洗手间里！

如果这个场合话题很多，而且交朋友的期待也很高，那么展开交流就非常容易了。相反，如果这个场合话题很少，而且期待又低，那么和别人聊天简直比登天还难。

Chapter 7

Practice Lesson
对话实战课

接下来，我们将 12 种最常见的交友场合按话题值以及期待值划分。

有难度 （话题少，期望低）	中等难度 （话题一般，期望一般）	很容易 （话题很多，期望很高）
在路上	书店	清吧
公交车 / 地铁上	咖啡馆	青年旅舍
餐厅 / 大学食堂	飞机上 / 火车里	派对
旅游景点	办公室	社交活动

最难开展对话的场合应该是在马路上。没有人会想在路上认识朋友！而且，能聊什么呢？

最容易的地方应该是在职业的社交活动。人们去参加这种活动往往只有一个目标：结交新朋友，拓展人脉，发展自己的事业。

每一个场合都不相同。凡事预则立，不预则废！下面将详细讲述有关这 12 个不同场合的沟通技巧与话题。

四位英语爱好者将在接下来的 12 个场景里开启和老外进行对话的旅程。

Judy Liu

初二，英语课代表
喜欢看美剧

Ben Wang

大二，国际贸易专业
想出国深造

Sam Zhang

外企人力资源部工作
想在公司有更大的晋升空间

Emma Zhao

一家互联网公司的 CEO
想进军国际市场

The Street
在路上

话题星值：☆

期望星值：☆

　　在路上是最难展开交流的场合。除非你身边发生了不可思议的事情，否则几乎没有什么话题。而且，人们的期望也比较消极。想一想：当一个陌生人在路上跟你搭话的时候，你会怎么想？当然，你会认为他们是搞推销的。人们通常都会戒备在路上跟自己搭话的人。

　　那么，你能说什么呢？三C法则（关心，赞美，评论）适用于任何场合，如果能用就用起来。如果真的找不到话题，那就谈谈天气，虽然不是很好的话题，但还可以用。

　　在路上，别人通常不会跟你交谈，甚至可能会直接忽视你，或者聊几秒钟就走开了。不要担心！这是很正常的现象。记住：如果能找到肢体语言符合 O-P-E-N 的人，先进行眼神交流，然后面带微笑，再上去搭话，你成功的机会会大些。

　　马路上搭讪老外，很有挑战，可以偶尔去挑战一下。

常见的破冰方式

Situation 场合	Opener 开场白
She is looking around, confused. 她左顾右盼，一脸迷茫。	**Excuse me, can I help you?** 不好意思，需要帮忙吗?
He is wearing a beautiful hat. 他戴着一顶很漂亮的帽子。	**Sorry to bother you, but that's a great hat. Could I ask where you got it?** 不好意思打扰一下，不过你的帽子真的很好看。能问一下你是从哪里买的吗?
The weather is really great. 天气非常好。	**Man, this weather is really great, isn't it?** 哇，这天气真的很好，不是吗?

常见的交流话题

Topic 话题	Question 问题
Reason for coming to China 谈论来中国的原因	**May I ask, what brings you to Shanghai?** 请问你为什么会来上海呢?
Weather 天气	**It's been so hot lately. Are you used to it?** 最近天气一直很热，你能适应吗?
Your city 所在城市	**Would you mind if I ask, how do you feel about living here?** 希望你不要介意我问一下，你感觉住在这里如何?

场景：Judy 放学回家在等绿灯的时候看到一个老外，她决定上去交流。她注意到这位年轻的女士穿着一双不错的跑步鞋。

破冰

| **Judy:** | Wow! I really like your shoes! Did you buy them in China? | 哇！我真的超爱你的鞋子！你是在中国买的吗？ |
| **Polly:** | What? Oh, no. I got them in the UK. | 什么？不是的，在英国买的。 |

扫码听录音

Judy: Oh. I hear some people have trouble finding shoes in China.	哦，好吧。我听说有些人在中国很难买到合适的鞋子。
Polly: Yeah, it's hard to find my size.	是的，很难买到我要的鞋码。

深入

Judy: Do you mind if I ask, how long have you been in China?	方便问一下吗，你来中国多久了？
Polly: I moved here in 2014, so three years, I guess.	我 2014 年搬来的，大概有三年了。
Judy: That's a long time. Could I ask, what kind of work do you do here?	这么久。能问一下你从事什么工作吗？
Polly: I'm a teacher. I teach little kids.	我是老师，教小朋友。
Judy: Wow! I couldn't do that. I'm not good with little kids. Do you like it?	哇！我做不了这种工作。我不善于和小朋友打交道。你喜欢你的工作吗？
Polly: Mostly. It can be difficult, though.	大部分时候是喜欢的，只是有时候会比较辛苦。
Judy: By the way, I'm Judy.	自我介绍一下，我叫 Judy。
Polly: Hi, Judy. I'm Polly.	你好，Judy！我叫 Polly。

结尾

Judy: Nice to meet you, Polly! I have to go, but I'm very curious about your experiences here. If you have time, could I buy you a cup of coffee?	很高兴认识你，Polly！我要走了，不过我真的很想知道你在这里的经历。改天有空可以请你喝咖啡吗？
Polly: I guess so, yeah.	可以啊。
Judy: Great! Could I add your WeChat?	太好了！我能加你微信吗？
Polly: Sure, hold on a sec.	可以的，等一下。
Judy: OK, got it. If you're free tomorrow, we could go to the Starbucks over there.	好的，搞定。如果明天有空的话，我们可以去那边的星巴克坐坐。
Polly: Sounds great. See you then. Bye!	好啊，到时候见！拜！
Judy: Bye!	拜！

Bus / Metro
公交车上／地铁上

话题星值：☆

期望星值：☆

在公交车或地铁上与在路上大同小异。人们可能会产生戒备而直接忽视你，不用担心。

在路上和公交车或地铁之间存在两点差异。

第一，你们有共同的地方——都往同一个方向去。在你乘坐公交车或地铁时，随时关注可能需要帮助的人。关心是最好的切入点。

第二，你会和他们待上几分钟，而不会像在路上一样只是擦身而过。利用好这段时间找到切入点，想办法跟对方进行眼神接触，然后面带微笑，开口搭话。

在公交车上或地铁上搭讪老外，很有难度。不过你若想让自己生活多一点趣味，欢迎挑战。

常见的破冰方式

Situation 场合	Opener 开场白
He is looking at the metro map. 他在看地铁线路图。	**Sorry to bother you. Can I help?** 不好意思打扰一下，需要帮忙吗?
She is carrying a musical instrument. 她带着一把乐器。	**Excuse me, may I ask, what kind of instrument is that?** 不好意思，请问这是什么乐器?
The metro is very crowded. 地铁非常挤。	**Man, it's very crowded in here. Is it always like this?** 我晕，这里实在是太挤了。平时都这么挤吗?

扫码听录音

常见的交流话题

Topic 话题	Question 问题
Destination 目的地	**So, are you on the way to work?** 那么，你现在是去上班吗?
Public Transportation 公共交通	**Do you ride the bus often?** 你经常坐公交车吗?
Cultural Differences 文化对比	**Is the metro this crowed in your country?** 你们国家的地铁也是如此拥挤吗?

　　场景：Sam 下班回家坐地铁时看见一个老外在看地铁线路图，而且看上去有点迷茫。

破冰

扫码听录音

Sam:	Can I help you?	需要帮忙吗？
Julian:	Oh, What?	哦，什么？

Sam:	Sorry. Could I help you find your stop?	不好意思，需要帮你找到你要去的站吗？
Julian:	Eh, I'm looking for Jing'an Temple.	我在找静安寺站。
Sam:	Oh, that's on line 2. Right there. You will have to take line 13 and then transfer.	它在 2 号线，就在那里。你要先坐 13 号线，再换乘 2 号线。
Julian:	Ah. I see.	哦，我知道了。

深入

Sam:	Could I ask, are you just visiting Shanghai?	方便问一下，你是刚来上海旅游的吗？
Julian:	No. But I've never been to Jing'an Temple before.	不是的，只是以前没去过静安寺。
Sam:	It's pretty great. Are you interested in Chinese architecture?	那里确实不错，你对中国古建筑感兴趣？
Julian:	Not really. Buddhism is interesting, though. So I want to go check it out.	不是的，只是觉得佛教挺有意思的，所以想去看看。
Sam:	Good choice. There are lots of temples around Shanghai.	明智之选。上海其实有很多寺庙。
Julian:	Yeah?	是吗？

结尾

Sam:	If you like, I could take you to see some of them. If you have any questions, I could help you translate.	如果你想去看的话，我可以带你去看看。如果你有问题的话，我可以帮你翻译。
Julian:	What are you, a tour guide?	你是做什么的，导游吗？
Sam:	Haha, no. But I am also interested in old temples. It's always more fun to go with someone else.	哈哈，不是。我只是对古代寺庙比较感兴趣。有人一起去的话，会比较好玩。
Julian:	Sure, if you're up for it.	好的，如果你愿意去的话。
Sam:	I am. What about this weekend?	当然愿意，这个周末如何？
Julian:	That might work.	应该可以。
Sam:	Here's my card – send me a message.	这是我的名片——记得给我发短信。
Julian:	Sure thing.	当然。
Sam:	My name is Sam, by the way.	顺便说一下，我叫 Sam。
Julian:	Julian.	我是 Julian。
Sam:	Nice to meet you, Julian. I've gotta go this way. See you later!	很高兴认识你，Julian。我要往这边走了，到时见！
Julian:	Bye!	拜！

Restaurant / Cafeteria
在餐厅／大学食堂

话题星值：☆☆

期望星值：☆

这个地方很容易找到老外，但却很难与他们结识。

在餐厅可以聊的话题很多：美食、文化，喜欢和不喜欢的东西。但是这里的期望值非常低，因为人们去餐厅是为了吃饭，而不是为了和陌生人聊天。

常用的一个技巧就是问对方点了什么。这样就能通过他们点的菜来了解他们的饮食喜好。但如果对方不想跟你说话，也不要惊讶。仔细观察他们的肢体语言，判断他们是想要聊天，还是只想安静地吃饭。

在大学食堂开展交流，会相对容易。如果你也是一名大学生，就可以问对方的专业和课程。万能的开场白就是：

Excuse me, is this seat taken?

不好意思，这个位子有人坐吗？

如果你发现了一家老外喜欢去的餐厅，一定要进去吃一顿。先观察一下餐厅的布局，选择肢体语言符合 O-P-E-N 的一对夫妇（不要选择热恋中的情侣）或者单独一个人用餐的，然后坐在他们的隔壁。在合适的时候，开始破冰交流。千万不要去旁听别人的对话，没有人会喜欢被偷听。

每次去美国我都会在用餐的时候和坐在隔壁桌子的人搭讪。美国的餐厅没有中国的包厢，餐桌与餐桌的距离比较近，适合聊天。有一次，我在旧金山出差通过 Yelp（相当于中国的大众点评）找了一家评价很好的意大利餐厅。餐厅生意很好，我等了一段时间才安排了位子。坐下来，发现坐在我右手边的是一对老年夫妇，看上去很友善。

他们的菜恰好刚上来，我立刻找到了一个很好的切入点。我问："What is that? That looks tasty."他们讲完之后，我又补充道："By the way, I'm Daniel. This is my first time in this restaurant. Any recommendations?"

随着交流的不断深入，我发现了更多有趣的信息：他们是这家餐厅 20 多年的常客，他们是从意大利移民到美国的，他们每年都会去欧洲旅游一次……由于他们的给力推荐，那顿晚餐吃得特别美味。

最后我还学了一句意大利语："Buon Gusto（太好吃了）！"

常见的破冰方式

扫码听录音

Situation 场合	Opener 开场白
She is trying to order in English, but the waiter does not understand. 她尝试用英语点菜，但服务员还是没弄明白。	**Hi! May I translate for you?** 嗨！需要我帮忙翻译吗？

	Sorry to bother you, but that looks great! Could I ask what it is?
His food looks really good. 他点的菜看起来很好吃。	不好意思打扰了，不过你点的这道菜看起来好好吃啊，能问一下这是什么吗？
There is an empty seat next to her (in the cafeteria). 她旁边有个空位（大学食堂里）。	Excuse me, is this seat taken? 请问这个座位有人吗？

常见的交流话题

Topic 话题	Question 问题
The restaurant 谈论这个餐厅	Do you come to this restaurant a lot? 你经常来这个餐厅用餐吗？
Restaurant recommendations 推荐餐厅	I love steak. Do you know of any good steakhouses? 我喜欢吃牛排。你知道哪里有好的牛排馆吗？
University major 大学专业	May I ask, what is your major? 请问一下你是学什么专业的？

场景：今天是新学期的第一天。Ben 在学校食堂看到一个外国留学生独自用餐。他决定上前认识一下对方。

破冰

扫码听录音

Ben:	Excuse me. Is this seat taken?	打扰一下，这座位有人吗?
Zoe:	No, go ahead.	没人，坐吧。
Ben:	Thanks. It's crowded in here today.	谢谢，今天这里来的人真多。

Zoe: Yeah. Classes just started.	是的。刚开学嘛。
Ben: I'm Ben, by the way.	顺便介绍一下，我是 Ben.
Zoe: Hi, Ben. I'm Zoe.	Ben，你好。我是 Zoe.

深入

Ben: Nice to meet you, Zoe. Could I ask, what's your major?	Zoe，很高兴认识你。能问一下你是学什么专业的吗？
Zoe: Art. I'm just visiting for a semester.	美术。我只是在这里交换一个学期。
Ben: Art! I didn't know we had foreign art students here.	美术！我不知道我们学校有外国美术生。
Zoe: I think I'm the first one.	我应该是第一个吧。
Ben: So, you just got here?	你刚到这里不久？
Zoe: Yeah, I got here last week.	是的，我上周刚来。
Ben: Welcome! It must seem strange to you here.	欢迎欢迎！你对这里一定感到很陌生吧。
Zoe: Kind of. Especially the food.	有点。尤其是吃的方面。
Ben: Yeah. But for us, it's not difficult. It's kind of like our high school cafeteria, but a little better.	是的。不过对我们来说还好。有点像高中时期的食堂，就是好吃一点。
Zoe: Nice.	不错哦。

Ben: Have you met any other art students yet?	你见到其他的美术学生了吗？
Zoe: I have. But it was hard to talk to them. Their English wasn't very good.	见过了。但很难跟他们交流，他们的英语不是很好。
Ben: Maybe they're just shy, too. It will take some time.	也可能是因为他们害羞，需要一些时间去适应。
Zoe: Maybe.	或许吧。

结尾

Ben: Hey, if you want, I can introduce you to some of my friends.They speak good English.	啊，如果需要的话，我可以介绍我的几个朋友给你认识，他们的英语都说得不错。
Zoe: That sounds great!	那太好了！
Ben: By the way, we are going out for dinner tonight. Would you like to go?	顺便说一下，我和朋友今天一块出去吃晚饭，你要一起去吗？
Zoe: Sure!	好啊！

话题星值：☆☆

期望星值：☆☆

旅游景点有很多很好的话题。不过，人们的期待还是不高。

在旅游景点，老外一般戒备心有点重，因为国外有不少关于在旅游景点被骗的报道。尤其不要在景点的入口处搭讪老外，他们第一反应就是：推销！推销！推销！失败的概率极高。最好选择在旅游景点里去交流，你成功的概率就会大大提升。这就是在旅游景点搭讪老外冰火两重天的现象。

老外通常喜欢去三种旅游景点：

第一种：必看景点，如故宫、长城、兵马俑等。

第二种：自然景点，如大山、瀑布等。很多住在中国的老外都热爱爬山及其他户外活动，所以经常会去自然景点。

第三种：中国特色的景点，看起来很古老、中国风较浓厚的地方，如古镇。老外之所以喜欢这类景点，是因为想在游玩时观赏体验和自己国家不同的地方。

你居住的城市有符合以上特征的旅游景点吗？可以上网找找。找到后，在下面一一列出：

1)＿＿＿＿＿＿＿＿＿＿＿＿＿＿＿＿＿＿＿＿＿＿

2)＿＿＿＿＿＿＿＿＿＿＿＿＿＿＿＿＿＿＿＿＿＿

3)＿＿＿＿＿＿＿＿＿＿＿＿＿＿＿＿＿＿＿＿＿＿

常见的破冰方式

Situation 场合	Opener 开场白
You make eye contact with him in line. 排队时，你和他眼神接触了。	**Man, what a long line!** 我晕，队伍好长啊！
They are trying to guess what the signs say. 他们在猜指示牌是什么意思。	**Excuse me! If you like, I can explain this sign to you.** 不好意思，如果需要的话，我可以解释这个指示牌的意思。
He is looking at a great view. 他在欣赏美丽的风景。	**Wow, that's a really great view!** 哇，这风景真是太美了！

常见的交流话题

Topic 话题	Question 问题
Local travel 本地游	**Have you been to many places in Beijing?** 你有没有去过北京的很多地方？ **What do you want to see in Hangzhou?** 你想游览杭州的什么地方？
Global travel 环游世界	**Have you been to many different countries?** 你有没有去过很多不同的国家？ **What has been your favorite moment while traveling?** 旅行中，你最喜欢什么时刻？
Impressions of China 对中国的印象	**Has this trip changed the way you think about China?** 此次旅行有没有改变你对中国的看法呢？

场景：Emma 周末去长城玩。她在长城上漫步，思考公司的未来规划，考虑如何才能进军国际市场。恰好，她看到一个女性老外正用一个看上去很专业的相机在拍照。

破冰

Emma:	Wow, that's a great camera!	哇，好棒的相机啊！
Wendy:	Yeah! Thanks. It's great for taking pictures outdoors.	谢谢您的夸奖，它非常适合户外拍照。

扫码听录音

深入

Emma:	Looks like it. Did you get any good pictures today?	一看就是。今天有没有拍到一些好的照片呢？
Wendy:	A few, yeah. I'm Wendy, by the way.	拍了几张。自我介绍一下，我叫 Wendy。
Emma:	Hi, Wendy! I'm Emma. It's nice to meet you. Are you a professional photographer?	你好，Wendy！我叫 Emma，很高兴认识你。你是专业 摄影师吗？
Wendy:	No, it's just a hobby.	不是的，业余爱好而已。
Emma:	If you like this kind of view, then you would love the Ming Tombs. Have you been there?	如果你喜欢这种风景的话，那一定会爱上明孝陵的。你去过那里吗？
Wendy:	Yeah, I've been there. I'm more interested in architecture, though.	去过了，不过我对建筑更感兴趣。
Emma:	Like, traditional architecture?	比如传统建筑那种吗？
Wendy:	Anything. The city is full of interesting views.	任何建筑。这座城市到处都有美丽的风景。

结尾

Emma: You know, I live in a very old neighborhood. There are lots of old, traditional houses. If you like, I could show you around. You might get some interesting photos.	你知道吗，我住的小区年代比较久远，所以那里有很多老式的传统建筑。你如果想去的话，我可以带你去逛逛，或许可以拍几张漂亮的照片。
Wendy: That sounds great.	好啊。
Emma: I'll be home all day tomorrow, if you want to come by.	如果要来的话，我明天一整天都会在家。
Wendy: I have to work tomorrow, but I could go next weekend.	我明天要工作，不过下周末会有空。
Emma: Sounds great. Here's my phone number. Let me know when you have time.	可以啊。这是我的电话号码，有空的时候跟我说一声。
Wendy: Sure thing. See you then!	一定。到时候见！
Emma: See you later, Wendy. I'm looking forward to it.	到时见，Wendy。期待再次相见。
Wendy: Me too, Emma.	Emma，我也很期待。

Step by Step Practice · Medium Locations
手把手教你对话 · 难度适中篇

Bookstore
书店

话题星值：☆☆☆

期望星值：☆

书店到处都是话题，每本书就是一个话题。如果书是你感兴趣的话题，那么书店或许就是你交友的"乐土"，就是期望值有点低。人们去书店是为了买书，而不为结识朋友。不过如果你能帮他们找到一本他们要的书，或能聊聊他们最喜欢的作家，那么交友也是有可能的。

"新来的"老外经常谈论的话题就是书店。虽然每个城市都有各种各样的书店，但对于城中城里的老外通常只有一两家。这是因为大多数书店的英语书不多。

如果你在网上用英文搜索，如"Guangzhou, bookstore"，你一定会找到一家老外经常去的书店。

用电脑或手机去查找所在城市的两家英文书店并抽出时间去看看：

1) _____

2) _____

常见的破冰方式

Situation 场合	Opener 开场白
He seems to be looking for something. 他好像在找什么书。	**Hi! Sorry, could I help you find something?** 嗨！打扰了，需要我帮你找书吗？
She is looking at a book that you know about. 她在看一本你知道的书。	**Oh, wow! That's a great book. I love it. How did you hear about it?** 哇！这是一本好书。我很喜欢这本书。你是怎么知道它的？
He is in the English book section. 他在英文书籍区。	**Excuse me! Sorry to bother you, but I was wondering if you could suggest a modern novel for me.** 不好意思打扰一下，不知你能否给我推荐一本现代小说。

扫码听录音

常见的交流话题

Topic 话题	Question 问题
Recommend a book 向他人推荐书	**If you like *Journey to the West*, have you read *Romance of the Three Kingdoms*?** 如果你喜欢看《西游记》的话，那你看过《三国演义》吗？
Book buying 谈论买书	**Most people buy books online these days. Do you buy online in China?** 如今，大部分人都在网上买书。你在中国会在网上买书吗？
Favorite books 谈论最喜欢的书	**Have you ever read a book that has changed your life?** 你有没有读过改变了你一生的书？

　　场景：Judy 去书店想找一些有趣的英语读物，但是选择太多让她无从下手。在她正迷茫的时候，她看到一个老外正在翻一本小说。Judy 决定上前抓住这次机会。

破冰

扫码听录音

Judy: Hi! Excuse me, do you have a minute?	嗨，不好意思！能占用你一些时间吗？
Betty: Yeah, sure.	没问题。

Judy: I want to get an English novel to practice reading, but I don't know which one to get. Could I ask for a recommendation?	我想找本英文小说来练习阅读，但不知道该选哪一本好。不知你能否帮我推荐一下？
Betty: Hm. Well, when we were in school, we read *Hatchet*. I thought it was pretty good.	嗯。我们上学的时候，会读《短斧》。我觉得那本不错。

深入

Judy: I haven't heard of it. Is it pretty easy to read?	嗯！我之前没听说这本书，很容易读吗？
Betty: Yeah, I guess so. I mean, we read it in elementary school.	我觉得应该是的，我们小学的时候会读那本书。
Judy: Sounds good to me. By the way, I'm Judy.	听起来挺适合我的。自我介绍一下，我叫 Judy。
Betty: I'm Betty. Nice to meet you.	我叫 Betty，很高兴认识你。
Judy: Same here. Do you come to this bookstore often?	我也是。你经常会来这家书店吗？
Betty: Yeah. It's the best English bookstore in town.	是的，这是城里最好的英语书店。

Judy: It is. But the easiest place to buy books is online. It's easier to find what you want.	的确是。不过要说买书最便利的地方，还是在网上了，选择也更丰富。
Betty: I know. But I don't know how to use those Chinese apps.	我知道，只是我不知道该如何在这些应用里买书。

结尾

Judy: What about this – if you can't find the book you want, let me know and I'll order it for you.	不如这样吧，如果你找不到自己想要的书的话，就告诉我，我来帮你下订单。
Betty: Really? That's awesome!	真的吗？太好了！
Judy: Of course! Here, add my WeChat.	没问题！加一下我微信。
Betty: Perfect. I'll let you know if there's something I can't find.	太好了。如果我有什么书找不到的话，我一定会跟你说的。
Judy: No problem. Hey, I've gotta go. Thanks again for the recommendation.	没问题。哦，我得走了，再次谢谢你的推荐。
Betty: Sure! See you later.	不客气！回头见。

Coffee Shop
咖啡馆

话题星值：☆☆
期望星值：☆☆

咖啡馆从来就不只是喝咖啡的地方。有些人把它当作自家的客厅，有些人把它当作办公室，而交友达人则把它当成练习场。大部分人不介意和陌生人在咖啡馆聊天。然而，有些人却只是想在那里工作。所以千万不要去打扰这类人，去寻找肢体语言 O-P-E-N 的人来享受聊天的乐趣。

社交活动是交友达人生活方式中重要的组成部分，而咖啡馆是举办此类活动的好地方。所以每次去咖啡馆的时候，可以多留意那里的活动宣传海报，也可以加咖啡馆的微博或微信公众号，随时关注活动动态。

用"城市拼音 +Coffee shop"去搜索所在城市的咖啡馆，找出三家老外经常去的咖啡馆，把它们写下来并去咖啡馆坐坐：

1)_____

2)_____

3)_____

常见的破冰方式

Situation 场合	Opener 开场白
She does not understand what the barista is saying. 她不明白咖啡师在说什么。	**Excuse me, can I help you translate?** 打扰一下，需要帮忙翻译吗?
He is reading a book that you know about. 他在读一本你熟悉的书。	**Hi! Sorry to bother you, but I see you are reading *Twilight*. May I ask, what do you think of it?** 嗨！不好意思打扰了，我看你在读《暮光之城》，能不能问一下：你觉得这本书怎么样?
You are waiting in line, and the line is very long. You make eye contact with her. 你在排队，而且队伍很长。你与她进行了眼神接触。	**Man, this line is so long! Is it always like this?** 哇，这队伍排得好长啊！平时也是这样吗?

常见的交流话题

Topic 话题	Question 问题
Other coffee shops 谈论其他咖啡厅	**I like this coffee shop, but I don't know many others. Are there any other great coffee shops here?** 我很喜欢这家咖啡厅，但其他的就不太了解了。你知道这里还有其他不错的咖啡厅吗?

This coffee shop 谈论这家咖啡厅	**Do you come here often?** 你经常来这里吗? **What do you like about this place?** 这咖啡厅什么地方吸引你?
Cultural differences in coffee 咖啡中的文化差异	**Do you think that the coffee here tastes different from your country?** 你觉得这里的咖啡和你们国家的咖啡在味道上有不一样的地方吗?

场景：Ben 在大学附近一家他最喜欢的咖啡厅里准备期末考试。在排队点咖啡的时候，他发现他前面的老外点东西有点困难。

破冰

扫码听录音

Ben:	Excuse me. Mind if I help?	打扰一下，需要我帮忙吗？
Jerry:	Oh, sure. I just want a latte, with two shots.	哦，好的。我想要一杯拿铁，加个浓缩。
Ben:	Double-shot latte?	双份浓缩拿铁？
Jerry:	Yeah.	是的。
Ben:	Ok.（talks to barista）He said it will cost extra, 10 more RMB.	好的。（向咖啡师转述）他说还要再加 10 元。
Jerry:	No problem.	好的。

深入

Ben:	Is this your first time in this coffee shop?	这是你第一次来这家咖啡厅吧？
Jerry:	Yeah, my new office is in this building.	是的，我的新办公室就在这栋大楼。
Ben:	Welcome! Did you just move to China?	欢迎欢迎！你刚搬到中国吗？

Jerry:	No, I've been here for four years. But I just got a new job.	不是，我已经在中国待了四年，不过刚换了份新工作。
Ben:	Wow! May I ask what you do?	哇！能问你一下你是做什么工作的吗？
Jerry:	Accounting.	会计。
Ben:	That's a stressful job.	这份工作很有压力吧。
Jerry:	Yeah. So after work, I like to get some coffee and read for a while, to relax.	是的，所以下班后，我都会去买杯咖啡，看点东西，放松一下。

结尾

Ben:	Well, then, I won't bother you. If you like, I could show you the good coffee shops and restaurants around here sometime.	这样啊，那我就不打扰你了。如果你想的话，我改天可以带你去附近不错的咖啡馆和餐厅坐坐。
Jerry:	I would like that. Do you have WeChat?	好啊，你有微信吗？
Ben:	I do. Here, I'll scan you.	有的。我来扫你的微信。
Jerry:	There you go. Ok, there's my coffee. See you around... uh...	这是我的二维码。好的，这是我的咖啡。回头见，啊……

Ben:	Ben.	我是 Ben。
Jerry:	Ben! Nice to meet you. I'm Jerry.	Ben！很高兴认识你，我叫 Jerry。
Ben:	Nice to meet you, Jerry! Enjoy your book!	很高兴认识你，Jerry！阅读愉快！

Special Tip! 温馨提示！

Here are some common words for ordering coffee.

以下是点咖啡的一些常用语。

Types of Coffee 咖啡类型

扫码听录音

Americano	美式
Black Coffee	黑咖啡
Latte	拿铁
Flat White	白咖啡
Cappuccino	卡布奇诺
Mocha	摩卡

Special Orders 特别口味

Double Shot	双份浓缩
No Cream / With Cream	不加奶油／加奶油

Coffee Time 咖啡时刻

A: Hi! What would you like?	嗨！你要喝点什么？
B: Hm... I'd like a double-shot latte, please.	啊……给我来一杯加双倍浓缩的拿铁。
A: What size? Small, medium, or large?	多大的？小杯、中杯还是大杯？
B: Medium, please.	中杯。
A: All right. Would you like some extra flavors?	好的，你需要额外加什么口味吗？
B: What flavors do you have?	你们有什么口味？
A: Vanilla, pumpkin, and hazelnut.	香草味、南瓜味，还有榛子味。
B: Vanilla sounds great.	香草味不错。
A: For here or to go?	在这喝还是打包？
B: For here, please.	这里喝。
A: OK. That'll be $5.	好的，25元。
B: Here you go.	给你。
A: Thanks! Here's your number. When it's ready we'll send it over to you.	谢谢！这是你的号码。做好后，我们会给你送过去。
B: Thank you!	谢谢！

话题星值：☆☆☆
期望星值：☆☆

世界上有两种人：第一种是喜欢在飞机上和火车上与陌生人聊天的人，第二种是想要"干掉"第一种人的人。

不像公交车或地铁上，在飞机、火车这样的长途旅程中，和坐在身边的人聊天，是再正常不过的事儿了。你会在那里待上几个小时的，所以至少要对坐在旁边的人礼貌地说声"Hi"，并保持友善。

在长途旅程中，你已经有了切入点，可以直接问他们是出去工作还是旅游：

> **So, you work in Beijing?**
> 你在北京工作吗？

> **Are you in Chengdu on business?**
> 你去成都出差吗？

> **Are you just visiting Xi'an?**
> 你只是去西安旅游吗？

提出一个问题后，一定要仔细观察对方的肢体语言。如果他们的肢体语言是 O-P-E-N 的，那么就属于第一种人。如果他们没有看向你，又或者回答得非常简短，那么可能会是第二种。保持谨慎，确保自己不要被别人"干掉"！

常见的破冰方式

Situation 场合	Opener 开场白
He is having trouble carrying all his suitcases. 他带了很多行李，拿起来有挑战。	**Let me help you with that.** 让我来帮你拿吧。
The flight is very bumpy. 飞机很颠簸。	**Wow, this is a bumpy flight!** 哇，飞机飞得好颠簸啊！
The view outside the train is very beautiful. 火车窗外的风景很美丽。	**It's so beautiful here. Have you taken this train before?** 这里的风景好美啊。你之前坐过这趟火车吗？

扫码听录音

常见的交流话题

Topic 话题	Question 问题
Reason for this trip 此次旅行的原因	（飞往成都的航班上） **So, do you work in Chengdu?** 那么，你是在成都工作吗？
Favorite city 喜爱的城市	**Have you lived in different cities in China? Which one do you like best?** 你在中国的其他城市住过吗？最喜欢哪个城市？
Travel 旅游	**Do you travel a lot?** 你经常旅游吗？ **If you could travel to anywhere in the world, where would you go?** 假如可以去世界的任何地方，你最想去哪里？

场景：Emma 坐在去成都拜访客户的飞机上。坐在她身边的恰好是一个男性老外，她在找一个切入点与他展开对话。天气不错，从飞机的窗户往下看，下面的山峰看上去特别美。

破冰

Emma: This view is great. Have you taken this flight before?	这景色很美。你原先坐过这趟航班吗？

Hugh:	Nope. My first time.	没有。这是第一次。
Emma:	Me, too. I'm on my way to a meeting. Are you traveling?	我也是。我去那边开会。你是过去旅游吗？
Hugh:	Yeah. I just flew from London. I'm just changing planes.	是的。我刚从伦敦飞过来，刚刚转机。

深入

Emma:	Wow, that's exciting! So this is your first time in China.	哇，太令人激动了！这是你的第一次中国之行。
Hugh:	Yes, it is.	是的。
Emma:	Are you traveling with a group?	你是跟团游吗？
Hugh:	No, just me.	不是，就我一个人。
Emma:	Oh, so you like traveling by yourself.	哦，那么你喜欢自由行。
Hugh:	Yeah. You can do whatever you want. You don't have to wait for the group, or go where the guide tells you.	是啊。你可以自由安排，而不像跟团游老需要等别人，或者只能跟着导游的安排走。
Emma:	That does sound nice. But it must be hard to get around by yourself in a foreign country.	听起来的确不错。不过一个人在异国他乡旅游一定是很有难度的。

Hugh:	Sometimes the language barrier can be a problem. But honestly, you can solve most of the problems just with hand signs and body language.	有的时候语言障碍是个问题。不过坦率地说，用手语和肢体语言你就能解决大部分的困难。
Emma:	That's true! So, what are you most looking forward to on your trip?	的确是！那么，这次旅行你最期待的是什么？
Hugh:	Well...	嗯……

结尾 （对话还在进行中，飞机落地了）

Emma:	I just realized I never told you my name. I'm Emma.	我才意识到我还没有告诉你我的名字呢，我是 Emma.
Hugh:	I'm Hugh. Nice to meet you.	我是 Hugh. 很高兴认识你。
Emma:	You, too, Hugh. Look, here's my card. Let me know if you get into trouble. I can help translate for you.	我也是，Hugh。这是我的名片。如果你遇到麻烦的话，可以告诉我，我帮你翻译。
Hugh:	Hey, thanks. I appreciate it.	啊，谢谢，很感激。

Emma:	OK, I'm going to go get a taxi. You have the address of your hotel?	好吧，我要去坐出租了。你有宾馆的地址吗？
Hugh:	Yeah, I printed it out.	有，我打印出来了。
Emma:	Great. Have fun! See you later!	很好。玩得愉快！再见！
Hugh:	You, too!	你也一样！

At Work
上班

话题星值：☆☆☆
期望星值：☆☆☆

我在中国公司工作已经五年了。通常情况下，我是办公室唯一的老外，所以我在这方面经验很丰富！

在办公室交朋友与在其他地方交朋友不同，它的压力会少很多！因为你知道自己每天都会见到对方，所以根本不需要在第一次交流时就深入交谈和制造诱饵，你可以循序渐进。

上班期间交朋友分为两步。

第一步：找到机会做自我介绍——从友谊阶梯中的第一级跳到第二级。然后，一天天地慢慢提升等级。

跟同事做自我介绍是很正常的，不过不要打扰他们的工作，可以选择在每天的工作休息期间。开场白也很简单。

Hi. We haven't met. I'm George.
你好，我们之前还没见过吧，我叫 George。

然后，就可以问工作上的事情：他们在公司待多久了，之前在哪里工作，现在在忙什么项目，等等。如果过快地从工作话题转移到个人话题，可能会感觉有些尴尬。欲速则不达！你有的是时间。

第二步：自我介绍后，每次遇到他们都微笑着打招呼，说"Hi！"如果有机会进行第二次交流，就可以问一些个人方面的问题。

How are you doing?	今天过得怎么样？
How've you been this week?	这周过得怎么样？
How are things going lately?	最近过得怎么样？

随着时间的推移，他们和你在一起相处会觉得越来越舒服，你也可以深入进行交流了。如果发现了一个很好的共鸣点，就可以建立链接了，并邀请他们下班后和你一起出去玩。

告诉你个秘密：这两步交友法不仅对老外有效，对老中也有用哦。如果你主动去认识同事，而且每天都对他们微笑，你一定会在公司交到不少的朋友。

常用的破冰方式

Situation 场合	Opener 开场白
You see her in the elevator. 你在电梯里遇到她。	**Hi! We haven't met before. I'm Greg.** 嗨！我们原先没有见过面吧，我叫 Greg。
You want to go get some coffee. 你想去买杯咖啡。	**I am going downstairs for coffee. Does anyone want anything? What about you?** 要去楼下买杯咖啡，你们有谁需要我带点什么吗？你呢？

扫码听录音

| He is in the office kitchen. | Oh, man, it's break time. I'm Tommy, by the way. |
| 他在办公室厨房里。 | 哦，终于可以休息一下了。自我介绍下，我叫Tommy。 |

常见的交流话题

Topic 话题	Question 问题
Your company 你的公司	So, how long have you worked here? 那么，你在这里工作多长时间了？ How do you like working here? 你觉得在这里工作怎么样？
Work experience 工作经历	Where did you work before this? 你之前在哪里工作？
Cultural differences 文化差异	Do you feel that working here is very different from the UK? 你觉得在这里工作和在英国有很大不同吗？

　　场景：Sam 知道公司来了一位美国总部的工程师，这几天工作一直很忙，还没有和对方打招呼。一天，Sam 恰好在电梯里碰到他，决定上前自我介绍一下。

破冰

扫码听录音

Sam:	Hi. We haven't met. I'm Sam.	嗨，我们还没见过面吧。我叫 Sam。
Terry:	I'm Terry.	我叫 Terry。
Sam:	Nice to meet you.	很高兴认识你。
Terry:	You, too.	我也是。

深入

Sam:	You just started working here, right?	你是新来的，是吗？
Terry:	Yeah, I started on Monday.	是的，我周一刚上班。
Sam:	Well, welcome!	欢迎欢迎！
Terry:	Thanks.	谢谢。
Sam:	Do you mind if I ask, where were you before?	方便问一下吗，你之前在哪儿工作？
Terry:	I just got to China, actually. Before this, I was working in New York at our main office.	我其实刚到中国，之前是在纽约总部工作。
Sam:	New York! I've always wanted to go there.	纽约！我一直都很想去那里。
Terry:	You should! It's a great place.	你应该去的！那个地方超棒。

Sam:	How do you like China so far?	目前你觉得中国怎么样?
Terry:	It's... different. I'm not used to it yet.	有些……不一样,我现在还没适应。
Sam:	What's the hardest thing to get used to?	真的吗?最难适应的是什么?
Terry:	Everything! I don't know. It's all just so new.	所有事情!说不清,一切都太不一样。
Sam:	I bet if I went to New York, I would feel the same way.	我肯定如果我去纽约的话,一定也会有这样的感觉。
Terry:	Maybe.	可能吧。

结尾

Sam:	Hey, if you want to meet some more people, come out with us this Friday. Some coworkers and I are going to try a new Sichuan restaurant downtown.	对了,如果你想多认识一些朋友,周五跟我们一起出来玩吧,我和一些同事打算去市区新开的一家四川餐厅聚餐。
Terry:	Sichuan?	四川?
Sam:	Yeah! It's really spicy food.	是的!很辣的菜。
Terry:	Sounds great!	听起来不错!

Sam: Do you have WeChat?	你有微信吗？
Terry: No. What's that?	没有，那是什么？
Sam: It's a messaging app. You'll need it in China. What's your number, then?	是一个发短信的手机应用，在中国一定会用到。那你的手机号码是多少？
Terry: I haven't memorized it yet. Here's my card. It's on there.	我还没记住呢。这是我的名片，上面有我的号码。
Sam: Cool. I'll give you a call on Friday, then.	好的。那我周五给你打电话。
Terry: Sounds great. See you... uh...	好的。再见……你的名字是……
Sam: Sam.	
Terry: Right! Sorry.	收到！抱歉。
Sam: No problem! Ah, this is my floor. I'll call you on Friday, Terry!	没关系！我到了，我周五再联系你，Terry！
Terry: Great! See you then!	好的，到时候见。

Step by Step Practice · Easy Locations
手把手教你对话 · 轻而易举篇

Bar
酒吧

话题星值：☆☆☆
期望星值：☆☆☆☆

我们所说的酒吧是指清吧，而不是那种跳舞的酒吧。清吧就是用来和朋友一起玩和聊天的。清吧是非常适合结交朋友的场所，而且也比那种喧杂、昏暗的酒吧安全。

如果你坐在酒吧的吧台边，而不是桌子旁边，你结交新朋友的概率会更大。你想结交的人可能就坐在你边上。人们通常期待在酒吧和陌生人交流，所以不要害羞。如果找不到切入点的话，就直接自我介绍，并提一些简单的问题，如：你在上海是干什么的？

Safety first! If you feel uncomfortable, leave quickly.
安全第一！如果别人让你觉得不舒服，就赶紧离开。

千万不要喝太多——如果感觉有点醉的话，就不要再喝了！最好的办法是带上一个朋友一起去，而且两人不要分开。

如果有任何人不断让你多喝一点，一定要拒绝！那些强人所难的人一定不是你的朋友！

像咖啡馆一样，酒吧也会经常举办活动。上网查找用英语做宣传的酒吧，找到后一定要加它们的微博或微信公众号，随时关注活动动态。

尝试在你的城市中找三家老外喜爱的酒吧，并把它们写在下方：

1) _____

2) _____

3) _____

常见的破冰方式

Situation 场合	Opener 开场白
He is sitting next to you at the bar. 在酒吧，他坐在你的旁边。	**Hi. Nice to meet you. I'm Howard. So, do you know what's good here?** 嗨，我叫Howard，很高兴认识你。你知道这里什么酒好喝吗？
There is a sports game on TV. 电视正在播放一场体育比赛。	**So, which team are you for?** 你支持哪个队？
You like the music in the bar. 你喜欢酒吧正在播放的音乐。	**Hey, sorry, do you know the name of this song? It's great.** 嗨，不好意思，你知道这首歌的歌名吗？很好听。

常见的交流话题

Topic 话题	Question 问题
Bar games 谈论酒吧游戏	**What kind of games do you play with your friends in the bar?** 你和你的朋友在酒吧一般玩什么游戏？

| The bar
谈论这家酒吧 | **What do you like about this place?**
你喜欢这个酒吧什么方面？ |
| Recommendations
酒吧推荐 | **I enjoy quiet bars like this one. Do you know of any other bars like this?**
我很喜欢这种清吧，你知道还有没有其他这种类型的酒吧？ |

场景：Emma 工作一天下来特别累。她决定在回家之前，先去自己喜欢的酒吧喝一杯。酒吧人不多，她看到一个老外独自在打台球，而且看上去打得很不错。

扫码听录音

破冰

Emma:	Hey, you're pretty good. You play often?	嗨，你打得很好。你经常打吗？
Rick:	Used to. Not anymore, though.	以前经常玩，不过现在很少了。
Emma:	Would you like to play?	要不要来一局？
Rick:	Sure. Rack'em up.	好啊。摆球吧。

深入

Emma:	I'm Emma.	我叫 Emma。
Rick:	Hey. I'm Rick. Nice to meet you.	你好，我叫 Rick。很高兴认识你。
Emma:	You too. You wanna break?	我也是，你要开球吗？
Rick:	Be my guest.	随便。
Emma:	Great. So, Rick, have you been here long?	好的。那 Rick，你在这里待了很久吗？
Rick:	Just over a year. Not that long.	刚好一年多，不算长。
Emma:	What do you like about living here?	你喜欢这里的什么？
Rick:	Oh, man. There's a few things. The food, for one.	有好些我喜欢的，美食就是其中一个。

Emma:	Yeah?	比如说?
Rick:	Well, some of it. The spicy stuff.	有些菜蛮喜欢的，尤其是辣的。
Emma:	Yeah! I'm from Chongqing. Everything we eat is spicy.	是嘛！我来自重庆，我们吃的所有东西都是辣的。
Rick:	Sounds like heaven.	简直就是人间天堂啊。
Emma:	Anything else?	还有吗？
Rick:	The people are nice, I guess.	我觉得这里的人都很友好。
Emma:	Yeah. That's traditional Chinese culture.	是的。中国传统文化就是这样。
Rick:	So I hear. You're up.	我也听说过，到你了。
Emma:	So, what do you do in your free time? I'm curious about what foreigners would do in this city.	那么，你空闲的时候一般都做些什么？我有点好奇外国人平时在这里都会做些什么。
Rick:	Well, I don't know what other foreigners do. I usually just chill at home.	我不知道其他外国人会做什么，我一般都宅在家里。
Emma:	Me, too. Maybe that's why I'm no good at pool.	我也是。可能这就是我台球打得不怎么样的原因吧。
Rick:	Hey, you're doing all right.	没有啦，你打得很好。

Emma:	Not as good as you, though. How about this? After the game, I buy you a drink, and you teach me how to play better.	只不过打得没你好。不如打完这局，我请你喝一杯酒，你教我怎么打得更好，怎么样？
Rick:	Well, I won't say no to free drinks.	我一般不拒绝免费的酒。

结尾

Emma:	Well, Rick, it's been fun, but I should be getting home.	Rick，和你玩得很尽兴，不过现在要回家了。
Rick:	Yeah, me, too.	嗯，我也是。
Emma:	I want a rematch, though. Next time I won't lose so easily.	我想再跟你PK，下次一定不会让你赢得这么轻松。
Rick:	Whatever you say. Do you have WeChat?	随便你怎么说。有微信吗？
Emma:	Yeah, let me add you.	有，我加你。
Rick:	Got it. All right, I'm out. See you next time.	加好了。好了，我要走了，下次见。
Emma:	Good night!	晚安！

Hostel
青年旅舍

话题星值：☆☆☆☆

期望星值：☆☆☆☆

国际游客分为两种：舒适型的游客和体验型的游客。舒适型的游客只想通过便捷的方式去旅游，但体验型的游客目标并不在于便捷，而是亲身体验。

舒适型的游客喜欢住在涉外酒店里，而体验型的游客喜欢住在青年旅舍。青年旅舍通常会举办很多有趣的活动，有大量机会结交新的朋友，这样也带来很多新的体验。

青年旅舍经常会有国际性的活动。在小城市，青年旅舍可能是唯一有英语社交活动的地方，所以当地外国人很可能也会去那里玩。

因为青年旅舍的游客来自五湖四海，所以像"Where are you from?""How long have you been in China?""Where have you been in China？"之类的简单问句是很好的开场白。如果你问一个背包客的旅行经历，他们通常喜欢侃侃而谈。

大多数省会城市或受老外欢迎的城市都至少会有一两家国际青年旅舍。

不妨上网输入城市拼音+Hostel 去搜索，找到后自己亲自去体验一下。写下你所在城市中受老外喜爱的一两家青年旅舍：

1) _____

2) _____

常见的破冰方式

Situation 场合	Opener 开场白
She is staying in the same room as you. 她是你的室友。	**Hi! I'm Michelle. How long have you been here?** 嗨，我叫Michelle。你来这里多久了？
You sit next to him at breakfast. 早餐时，你坐在他的边上。	**Hi! I'm Kevin. What do you think of the breakfast here?** 嗨！我是Kevin。你觉得这里的早餐如何？
She is sitting at the hostel bar at night. 晚上，她坐在青年旅舍的酒吧里。	**Hi! I'm Susan. Are you having a good time in Chengdu?** 嗨！我是Susan。在成都玩得尽兴吗？

常见的交流话题

Topic 话题	Question 问题
Local experiences 本地游玩经历	**What do you think of this city so far?** 你目前觉得这座城市如何？ **Do you know of any good restaurants?** 你知道当地好的餐厅吗？
Making plans 制订计划	**Is there anything you would really like to do while you're here?** 你在这里有没有很想做的事情呢？
Bucket list 遗愿清单	**Is there anything you really want to do before you die?** 在你生命旅程结束之前，你有没有特别想做的事情？

　　场景：Sam 在年假期间去江西爬山，这也是他当年读书的城市。他选择住在青年旅舍，这样可以结交更多的新朋友。第一天早上，他看到一个老外背着一个很大的背包，上面贴了很多国家的小国旗。

破冰

扫码听录音

Sam:	Wow, I like your backpack. Have you been to all those places?	哇，我喜欢你的旅行包。这些地方你都去过了吗？
Fred:	Yeah, I've been traveling for almost a year now.	是的，我已经快旅行一年了。

深入

Sam:	Are you on a gap year?	你在间隔年旅行吗？
Fred:	That's right.	是的。
Sam:	Do you mind if I ask, why did you choose Pingxiang? Not many foreigners know about it.	能问一下为什么要选择来萍乡吗？很多外国人都不知道这个城市。
Fred:	That's the point. I want to go places with fewer international tourists. And I love mountains.	这就是原因。我喜欢去国外游客较少的地方，而且我很喜欢大山。
Sam:	Really? So you like hiking.	真的吗？那么你喜欢登山啰。
Fred:	No, photography.	不，我喜欢摄影。
Sam:	Really! You must have some great photos from all those places.	真的吗！那你一定从那些地方拍了很多好看的照片吧。

Fred: Yeah, I guess.	嗯，是的。
Sam: Which place is your favorite so far?	目前你最喜欢的地方是？
Fred: Mongolia. There were almost no people. It was amazing.	蒙古。那里几乎没人，简直太美了。
Sam: Seems like you really like to get away from the crowd.	好像你真的很想远离人群。
Fred: Yeah.	是啊。

结尾

Sam: Well, I'll tell you a secret. Don't go up the front of the mountain. There is another trail on the side. Not many people go there.	我告诉你个秘密。不要从山的前面那条路走，旁边还有一条路。走那条路的人不多。
Fred: Yeah?	真的吗？
Sam: Yeah. Here, let me write the address for you. Just show it to a taxi driver.	是的。我把地址写给你，只要给出租车司机看就好了。
Fred: Cool, yeah.	太好了。
Sam: I'll write my phone number on there, too. If you need any help translating, just call me.	我也把我的电话号码写在上面。需要翻译的话，就直接打电话给我。

Fred: Yeah, I will. By the way, what's your name?	好的，我会的。顺便问一下，你叫什么名字？
Sam: I'm Sam.	我叫 Sam。
Fred: I'm Fred. I need to get going.	我叫 Fred，我要先走了。
Sam: Hi, Fred. Hope you get some great pictures today.	嗨，Fred，希望你今天能拍到不错的照片。
Fred: Thanks, Sam. I'll let you know if I need any help.	谢谢，Sam。如果需要帮助的话，我一定会打电话给你。
Sam: Sure. Enjoy!	好的，旅途愉快！

Party
派对

话题星值：☆☆☆☆

期望星值：☆☆☆☆☆

派对绝对是交友良机。每个人来这里都期望能交到新的朋友，你可以和任何人破冰交流。如果看到有一群人聚在一起聊天，可以直接走上去，加入其中。

派对分为很多种，以下是一些最常见的派对。

Social Party 社交派对

社交派对有各种各样的形式，但所有派对的主旋律都是：放松和快乐。

尽情地去享受快乐时光。自然一些，随意一些。不用害怕，直接上去并做自我介绍：Hi! I'm Susan! Nice to meet you.

社交派对通常在酒吧、餐厅或者家里举行。常见的有生日派对、暖屋派对或者无须理由的派对。

对于生日派对而言，确保提前确认是否需要带礼物。如果需要带上礼物的话，最好用心包装一下并手写一张祝福的卡片。

如果是参加一个暖屋派对（housewarming party），最好带上一份小礼物，比如一瓶红酒。对于一般的派对，只要带上自己就够了。

人们一般期望在社交派对上结交新的朋友，所以尽情地去交友吧。如果你不知道谈论什么好，最常见的破冰或者深入交流的话题就是：How do you know the host? 所有来参加派对的人在这个问题上都会有自己的回答，然后就可以从他们的答案中找到有助于深入交流的话题。

Holiday Party 节日派对

就像社交派对一样，节日派对的主旋律也是快乐，但还是有些不同。

圣诞节派对通常需要互赠礼物。事实上，还有专门送礼物的游戏哦。最流行的两个游戏是 White Elephant（交换白象）和 Secret Santa（神秘的圣诞老人）。

还有另外一个大的节日派对是万圣节派对。万圣节派对大部分是化装派对，不过最好提前确认一下。你的打扮可以千奇百怪，变化无穷。

除了圣诞节和万圣节，另外一个很普遍的派对就是感恩节派对。这个派对相对而言比较简单——和朋友好好吃上一顿，并享受与朋友相处的时光。感恩节派对容易谈论的一个话题是，What are you thankful for?

Cocktail Party 鸡尾酒派对

鸡尾酒派对是一种非常职业化的派对。这种派对非常正式，它的主要目的就是建立联结，帮助你提升你的事业或者丰富你的生活。

鸡尾酒派对就好比交流中的奥林匹克。每个人都想让自己听起来博学多才又幽默风趣。有时，人们在参加派对之前还会通过看报，找最新的和有趣的话题来做好交流的"功课"。

当你在鸡尾酒派对上和别人认识时，对方最先想知道的就是你的职业。所以要准备好用简洁有趣的方式来做好自我介绍，这种介绍方式被称之为电梯式演讲，因为非常简短，所以在电梯里做自我介绍都可以。

I've been in finance for three years now. I'm currently at an international company that finds foreign investors for small Chinese companies.
我已从事金融三年，目前在一家国际公司工作，帮助中国的小型公司获得国外的投资。

如果你只是学生，也不用过于谦虚，可以谈谈你的长期规划，让自己看起来更有趣。要是没有规划呢？马上制订！有梦想总是好的。

I'm earning a degree in English. I plan to be a translator, and then start an international trade business between China and South Africa.
我在大学主修英语，想做一名翻译，然后做中国和南非的国际贸易。

无论在什么样的派对上都不要只跟一两个人聊天。建立好链接之后，就可以收尾了，找下一个交流对象。和不同的人交流，就算在一个派对也可以认识很多朋友。

常见的破冰方式

Situation 场合	Opener 开场白
Social Party 社交派对	**Hi! I'm Stuart. So, how do you know the host?** 你好，我叫Stuart。你是怎么认识这里的主人的？
House Party 家庭派对	**I'm going to the kitchen. Does anyone want anything?** 我要去厨房了，有人需要我带点什么吗？
Cocktail Party 鸡尾酒派对	**Hi! I'm Sharon. Nice to meet you. So, what do you do?** 嗨，我是Sharon。很高兴认识你，请问你是做什么的？

常见的交流话题

Topic 话题	Question 问题
Friends（Social Party） 朋友（社交派对）	**Do you know a lot of the people here?** 你认识很多这里的人吗？
Lifestyle（Social Party） 生活方式（社交派对）	**So, what do you do in your spare time?** 那么，你空闲的时候干什么呢？
Current events（Cocktail Party） 新闻热点（鸡尾酒派对）	**Did you hear about what happened yesterday in Australia? I read an article that said...** 你听说昨天在澳大利亚发生的事情了吗？我看到有篇报道说……

场景：Judy 参加朋友的生日 Party。她看到一个女性老外，决定上前打个招呼。这位女士穿着非常鲜艳且很有特色的橙色裙子。

破冰

Judy:	Wow, I love that dress!	哇，我喜欢你这件裙子！
Meghan:	Oh, thank you!	啊，谢谢！
Judy:	Where did you get it?	你从哪里儿买的？
Meghan:	Oh, I got it in the mall the other day.	我那天逛商场时买的。

扫码听录音

Judy:	Well, it looks great. I'm Judy, by the way.	真好看。顺便介绍一下，我叫 Judy。
Meghan:	Hi, Judy. I'm Meghan.	你好，Judy，我叫 Meghan。

深入

Judy:	So, Meghan, how do you know the host?	那么，Meghan，你和这里的主人是怎么认识的？
Meghan:	Oh, she is one of my students. I'm an English teacher.	哦，她是我的一个学生。我是一个英语老师。
Judy:	An English teacher! I thought you were a fashion designer.	一个英语老师！我还以为你是一名时装设计师呢。
Meghan:	What? Oh, because of this dress? No! Haha. I'm just a teacher.	什么？哦，就因为这件裙子？不不！哈哈。我只是个老师。
Judy:	Wow! That's neat. How do you like it?	哇！不错。你觉得怎么样？
Meghan:	It's a lot of fun.	很有趣。
Judy:	Really?	真的吗？
Meghan:	Yeah! My kids are great, and my coworkers are so nice.	是的！小朋友都很棒，同事也相当友好。

Judy:	Sounds perfect. Is there anything you don't like about it?	听起来很不错。你工作有什么不如意的地方吗？
Meghan:	Not really. Except, I want to find some more students.	没有，除了一点，我想招更多的学生。
Judy:	Maybe I can help you. Do you want adults, or kids?	或许我可以帮你。你是想招成人学生，还是小朋友？
Meghan:	I'd like to have some adult students, one-on-one. They're easier to handle than kids.	我想要招一些成人学生，一对一的。他们比小朋友更容易教。

结尾

Judy:	Well, let me ask around for you. I'll see if I can find any.	好的，我帮你问问，看看能不能找到。
Meghan:	That sounds great! Um, should I add your WeChat or something?	太好了！嗯，我加你的微信还是别的联系方式？
Judy:	Yeah, here you go.	好的，这是我的微信号。
Meghan:	Perfect.	很好。

Judy:	Well, Meghan, I'm going to go and try to meet some more people. I'll let you know if I find anybody who wants to study English.	Meghan，我要过去多认识几个朋友。如果我找到想学英语的人，一定马上通知你。
Meghan:	Please do! Have a good night!	拜托了！祝你有个美好的夜晚！
Judy:	You, too!	你也一样！

Event
活动

话题分值：☆☆☆☆☆
期望分值：☆☆☆☆☆

活动场所是结交新朋友的最佳地方。每场活动都会有各种各样的话题，而且结交新朋友的期望非常高，简直是交友的天堂！

找找你所在城市中带有英语性质的活动，任何活动都可以。当然如果能找到你感兴趣的就再好不过了，但其实也并不重要。只要去玩得开心，和新认识的人交流就够了。

以下三种常见的活动就是认识他人的不二之选：

Networking Event 专业型社交活动

专业型社交活动是专业的、有明确目标的社交活动。人们一般去专业型社交活动只有一个目标：认识能提升他们事业的人。准备好你的"电梯式演讲"，准备和大家打成一片吧。完全不需要切入点，直接上去介绍自己并开聊。

可以问他们的工作、爱好、在中国待了多久等，绝大部分话题都可以。当别人收尾并走开时，也不用生气，因为这才是专业型社交活动的核心——多认识新朋友，拓展人脉、开拓事业。

上网搜索"城市名拼音 + Networking Event"。找到之后，就可以挑选自己想去参加的活动。虽然有些活动的花费会比较贵，但也有一些是免费的。写下你将去参加的三个专业社交活动：

1)＿＿＿＿＿＿＿＿＿＿＿＿＿＿＿＿＿＿＿＿＿＿＿

2)＿＿＿＿＿＿＿＿＿＿＿＿＿＿＿＿＿＿＿＿＿＿＿

3)＿＿＿＿＿＿＿＿＿＿＿＿＿＿＿＿＿＿＿＿＿＿＿

Club 俱乐部

俱乐部绝对是交友的好地方，因为大家有着共同的兴趣爱好。同时俱乐部也是精进你兴趣爱好的绝佳场所。

上网用英文去查找自己感兴趣的俱乐部。一旦找到，赶紧加入。

The more people you meet, the more opportunities you have!
你认识的人越多，你的机会就越多!

写下在你所在城市你能找到的三个和你兴趣相关的俱乐部:

1) _____

2) _____

3) _____

English-Language Speaking Events 英语演讲活动

英语演讲活动就是邀请专家来发表演讲。无论你的兴趣是什么，都可以找到这样的一场英语演讲。举办演讲活动的常见场地有大学礼堂、咖啡馆和书店等。

每场演讲活动都有一个突出的话题——演讲的主题。你可以把这个当作切入点，当然也可以问:

How did you hear about the event?
你是怎么知道这个活动的?

Do you often go to events like this?

你经常参加类似活动吗？

尽量和几个朋友一起来参加这种活动，这样活动结束后，邀请新的朋友就会更加容易。Do you want to get coffee together after the event? 听起来会有点像约会，但如果换成 We're going to get some coffee after the event. Do you want to come? 就简单多了，毫无压力。

你是一个内向 的人吗？那就多参加社交活动吧。你要做的就是用心聆听，并适时提出一些问题，大多数人会喜欢和你聊他们的兴趣爱好或者工作。

如果在活动现场看到一个非常文静的人，可以试着问他一些问题。你会发现其中大多数并不是真的文静。一旦你问到他们的兴趣爱好或让他们充满激情的事情，他们就会滔滔不绝。

查找有举办这样活动的咖啡馆、大学、书店及其他地方，最好用英语去搜索。找到后，关注它们的社交媒体，找找有没有自己可能喜欢的英语活动。找到两三家这样的地方后，请把信息填入下方：

1) _____

2) _____

3) _____

常见破冰方式

Situation 场合	Opener 开场白
Networking Event 专业型社交活动	**Hi! I'm Jason. Nice to meet you. What do you do?** 你好！我叫Jason，很高兴认识你。你是做什么的？
Club Event 俱乐部活动	**Hi, I'm Marian. Have you been in this club for a long time?** 嗨，我是Marian，你在这家俱乐部待了很长的一段时间了吗？
Speaking Event 演讲活动	**So, what did you think of the speech?** 你觉得这场演讲怎么样？

常见的交流话题

Topic 话题	Question 问题
Reason for coming （Networking Event） 参加活动的原因 （专业型社交派对）	**So, what brings you here tonight?** 那你今晚来这里的原因是什么？ **What kind of person are you looking for today?** 你今天想要认识什么样的人？
Topic of the club (Club Event) 俱乐部主题（俱乐部活动）	**When did you first get interested in this English club?** 你什么时候开始对这个英语俱乐部感兴趣的？
Other Events (Speaking Event) 其他活动（演讲活动）	**How did you hear about this event? Do you know of some other events like this one?** 你是从哪里听到有这个活动的？还知道其他类似的活动吗？

　　场景：Ben 参加了学校的故事俱乐部。有一天，他想搜搜有没有英语故事俱乐部。他用"storytelling event in Guangzhou"去搜索，惊奇地发现这个周末恰好就有这样的活动。在活动当晚，他听了很多有趣的英文故事，尤其一个澳大利亚人讲的故事格外精彩。Ben 决定去认识这个故事达人。

破冰

扫码听录音

Ben:	Hi! I'm Ben.	嗨！我是 Ben。
Theo:	Hi, Ben. I'm Theo.	Ben，你好。我是 Theo。
Ben:	Nice to meet you, Theo. Are you a writer?	Theo，很高兴认识你。你是作家吗？
Theo:	Oh, no, I'm not a professional. Writing is just a hobby.	哦，不是，我不是专业的，写作纯属爱好而已。

深入

Ben:	What kind of stuff do you usually write?	你一般写什么类型的故事？
Theo:	Mostly short stories.	主要是短篇故事。
Ben:	Nice. I look forward to reading them.	不错，非常期待拜读你的故事。
Theo:	Thanks.	谢谢。
Ben:	This is my first time to come to this event. Are there more events like this?	我第一次参加这样的活动。还有其他类似这样的活动吗？
Theo:	Yeah, there's another one on Saturday nights, on the other side of the city.	有的，周六晚上还有另一场活动，在城市的另一边。

Ben:	Could you send me the info for that one? I'd like to go.	你能发一下活动的信息给我吗？我想去参加。
Theo:	Yeah, sure. Let me add your WeChat and I'll send you the address and time.	当然可以。我加一下你的微信，然后再把活动的地点和时间发给你。
Ben:	Great. Do you perform at that one, too?	太好了。你也会在那里讲故事吗？
Theo:	Actually, I run that one.	其实那个活动就是由我开办的。
Ben:	Really?	真的吗？
Theo:	Yeah, I started it last year. It's a lot of fun.	是的，我从去年开始办的，很有趣。
Ben:	You know, if you ever need any help, I would love to get involved.	如果你需要任何帮助的话，我乐意效劳。
Theo:	Yeah?	是吗？
Ben:	Yeah. I would love to bring more people to events like this.	嗯，我非常乐意带更多人来参与到这样的活动中。
Theo:	Sounds good. Let's talk about it on Saturday.	太好了。我们周六再好好谈谈。

结尾

Ben:	Well, Theo, I should go. It's pretty late. Don't forget to send me the info for Saturday.	好的，Theo，我得要走了，现在很迟了。别忘了给我发一下周六的活动信息。
Theo:	I won't. See you this weekend, Ben!	我不会忘记的！周末见，Ben！
Ben:	Yep! Have a good night!	好的！祝你有个愉快的夜晚！

Congratulations! You did it! You made it!

恭喜你！你做到了！你读完了这本书！

你学到了友谊能改变你的英语和人生，你发现交朋友并没有想象中的那么难，你知道需要培养良好的交友生活方式去遇到对的人，你发现只需五步就可以把一个陌生人变成朋友

你了解了各种文化差异，并学到应变之策，你现在也知道去哪里能交到自己想结交的朋友。

We want you to know that this isn't the end. It's just the beginning!

我们想告诉你的是，这不是结束，而是开始！

如果我们要送你两个字的话，那就是：Take action! 行动！

如果我们要送你四个字的话，那就是：Take action right now! 马上行动！

我们迫不及待地想听到你在与老外交朋友之旅中的精彩故事。请把你的故事写下来，发送到:《与老外交朋友》微信公众号。

由衷期待能与你见面的那一天，并听你亲自讲述你的交友故事。

Why "Laowai"？
为什么选择"老外"这一词？

外国人、外国朋友、国际友人，我和 Daniel 在到底要用哪个词的问题上讨论了许久。最终，我们一致决定用"老外"这一词。它简单、自然，而且朗朗上口，但还是不够完美。

有些外国朋友不喜欢"老外"这个词，觉得这是一种侮辱。有些人会因为我写《与老外交朋友》这本书而感到生气。

我不认为"老外"这个词有侮辱性质，但还是应该要谨慎使用。这个词本身没有问题，只是很容易用错。过度使用这个词，就会让人对你避而远之。

"所有的'老外'都是这样的。""我喜欢跟'老外'对话。""我从来没有见过'老外'。"这些话都会让我感觉对方完全不在意我是谁，而只在意我是个"老外"而已。这样的话不会拉近我和对方的距离，反而隔阂越来越大。

和他们交流的时候，不要想着他们是老外，他们其实和你们一样，有一些文化上的差异，但其实区别并没有那么大。

不得不提"老外"这个词时，牢记以下两点。

Rule 1: Laowai is Not a Name!
不要把"老外"当名字！

有一次，我在海口生病了，去了一趟医院。一个星期后，我去同一个医生那里复诊。轮到我的时候，他说："嗨，'老外'！跟我过来。"

他知道我的名字，手上有我的病历本，正面还写了我的中文名字，但他还是叫我"老外"。我知道他只是开个玩笑，但没有人愿意自己成为别人的笑料。

每个人都希望被身边的人尊重。如果你称呼别人为"老外"，其实就是在说："我不在乎你是谁，我只在乎你是个'老外'。"

想象一下你住在美国。你的朋友明明知道你的名字，却从来不用，而只是称呼你为"亚洲人"，你会怎么想？

Rule 2: Not All Laowai Are the Same
不是所有的"老外"都一样

"老外"来自哪里？来自不同的国家。每个国家都有各自不同的文化。但现在还有人说："'老外'都喜欢喝牛奶。""'老外'都喜欢中国女人。""'老外'都不喜欢吃辣的东西。"完全是无稽之谈！

从来没有所谓的"老外"文化。谈到文化时，千万不要加上"老外"这个词！但可以说英国文化、南非文化、巴西文化等。

美国人也会犯这种错误。

我在大学有一位日本同学，有次另一位同学问他："你是中国人吗？"

"不是，我是日本人。"他说。

那个同学笑道："好吧。亚洲人看起来都一样。"然后其他一些同学也跟着笑了。

但这位日本同学没有笑。如果有人告诉你亚洲人都一样，你会笑吗？

那么，我该如何称呼他们呢？

每个人都希望自己能被理解，不喜欢被人推开，不愿被称为

"老外"。所以，尽量不要在他们的面前说"老外"这个词。

碰到不得不用"老外"这个词的时候，可以使用更中性一点的词语，比如"外国友人"。只有和对方相处得非常融洽随意的时候，才可以说"老外"这个词。不过通常情况下，最好还是不要说"老外"或"外国人"！

Friendship is about connections between people. Focus on building the connection, not on our differences!

友谊是两个人之间的联结，专注建立我们之间的联结，而不是关注我们的差异！

全国大学生俱乐部会长
招募启事

2015 年中国大陆考生雅思总分平均分 5.6，其中口语为 5.3。在全球 41 个主要雅思考生中排名第 34 名，其中口语更是连续几年持续排名世界倒数第一。据统计，90% 的中国人无法与外国人进行有意义的交流。

2016 年，中国教育部公布全国高等学校共计 2879 所。我们期待在全国 2879 所高校中都有一个这样的俱乐部。

他们坚信：

Communication is key!

能交流，才算会英语！

他们践行：

Don't be shy. Just say Hi!

不用害羞。尽管去聊！

他们渴望：

Be confident! Become international!

做一名自信、国际化的大学生！

欢迎你和我们一起创立"与老外交朋友"俱乐部。让更多大学生的英语学习变得更加有趣、有料、简单、高效！

会长要求：

1. 能够用英语流利交流，至少有一位老外朋友；

2. 有很强的组织活动能力，做过俱乐部会长优先；

3. 善于学习，勤于总结。

You can make a difference in your college!

你的大学，因你更精彩！

扫码申请加入